GESTÃO ESTRATÉGICA DA COMUNICAÇÃO MERCADOLÓGICA: PLANEJAMENTO

2ª edição

Dados Internacionais de Catalogação na Publicação (CIP)
(Câmara Brasileira do Livro, SP, Brasil)

Lupetti, Marcélia
Gestão estratégica da comunicação mercadológica: planejamento/Marcélia Lupetti. -- 2. ed. -- São Paulo: Cengage Learning, 2017.
2ª reimpressão da 2ª edição de 2013

Bibliografia.
ISBN 978-85-221-1297-5

1. Comunicação em marketing I. Título.

12-12727 CDD-658.802

Índices para catálogo sistemático:

1. Comunicação mercadológica: Gestão estratégica: Administração de empresas 658.802

GESTÃO ESTRATÉGICA DA COMUNICAÇÃO MERCADOLÓGICA: PLANEJAMENTO

2ª edição

Marcélia Lupetti

CENGAGE Learning®

Austrália • Brasil • Japão • Coreia • México • Cingapura • Espanha • Reino Unido • Estados Unidos

CENGAGE Learning

Gestão estratégica da comunicação mercadológica: Planejamento
Marcélia Lupetti

Gerente editorial: Patricia La Rosa

Supervisora editorial: Noelma Brocanelli

Supervisora de produção editorial: Fabiana Alencar Albuquerque

Copidesque: Isabel Aparecida Ribeiro da Silva

Revisão: Rosangela Ramos da Silva e Iara Arakaki Ramos

Analista de conteúdo e pesquisa: Milene Uara

Editora de direitos de aquisição e iconografia: Vivian Rosa

Diagramação: Alfredo Carracedo Castillo

Capa: Cynthia Braik

ISBN-13: 978-85-221-1297-5
ISBN-10: 85-221-1297-5

Cengage Learning
Condomínio E-Business Park
Rua Werner Siemens, 111
Prédio 11 – Torre A – Conjunto 12
Lapa de Baixo – CEP 05069-900
São Paulo-SP
Tel.: (11) 3665-9900
Fax: (11) 3665-9901

Para suas soluções de curso e aprendizado, visite **www.cengage.com.br**

Impresso no Brasil.
Printed in Brazil.
1 2 3 15 14 13

Introdução

Gestão estratégica da comunicação mercadológica pode ser entendida como um planejamento de comunicação empresarial realizado por organizações sistêmicas, cientes de que a comunicação é um instrumento de valoração da marca e, por consequência, valorização das empresas.

Nesta edição de *Gestão estratégica da comunicação mercadológica – Planejamento*, o leitor encontrará uma significativa mudança nos itens que abordam a análise ambiental e a construção da SWOT. O resultado dessa análise nos dá fortes indícios dos problemas comunicacionais da empresa, permitindo-nos definir os objetivos e estratégias de forma bastante concreta.

A SWOTCOM, ou SWOT da comunicação, como a denominamos, foi desenvolvida com o auxílio de algumas empresas cujos resultados estão descritos na tese de doutorado da autora.

Este livro tem como objetivo auxiliar os gestores de comunicação que trabalham com o marketing, mas não têm necessariamente formação em comunicação publicitária. Destina-se também a estudantes de comunicação, publicidade e propaganda, administração de empresas e àqueles que desejam entender o planejamento comunicacional e o universo da comunicação mercadológica.

Gestão estratégica da comunicação mercadológica está estruturado em oito capítulos. O primeiro, "O marketing e a comunicação", apresenta a origem e a evolução do marketing e da comunicação, culminando com a explicação detalhada da comunicação integrada e sua interligação com a gestão estratégica da organização.

No segundo, "Planejamento", apresentamos os itens que compõem um planejamento, destacando a análise ambiental SWOTCOM.

O terceiro capítulo, "*Stakeholders* – objetivos – tema", demonstra a importância da definição de cada público a ser trabalhado na comunicação mercadológica, suas características, assim como os objetivos de comunicação, resultado da análise SWOTCOM, e, por fim, a determinação de um tema como elemento integrador da comunicação.

"Posicionamento" foi abordado no quarto capítulo, demonstrando os passos para a construção de um diferencial de marca. O quinto, "Estratégias", sugere a adoção de ações para a comunicação mercadológica. Dependendo do público adotado e dos resultados da análise ambiental SWOTCOM, o leitor pode desenvolver ações para obtenção de resultados pretendidos.

O sexto capítulo, "Itens para aprovação", auxilia o leitor na definição da verba de comunicação das organizações, elaboração de um *budget*, construção de um plano de ação/cronograma e avaliação do plano de comunicação mercadológica.

Terminado o planejamento da comunicação mercadológica, o gestor estará apto a desenvolver um *brienfing* para as agências de comunicação, assunto do sétimo capítulo.

O oitavo resume o *case* "Sucos Bona Fructus" em sua forma de apresentação visual. Ressalta, no entanto, a importância da apresentação de um relatório escrito, descrevendo detalhes do planejamento.

A obra finda com um "Glossário" para eventuais dúvidas do leitor.

Sempre otimista, minha esperança é poder colaborar com os gestores e estudantes da comunicação na elaboração de uma gestão estratégica da comunicação mercadológica.

Sumário

CAPÍTULO 3 – *STAKEHOLDERS* – OBJETIVOS – TEMA

CAPÍTULO 4 – POSICIONAMENTO

CAPÍTULO 5 – ESTRATÉGIAS

CAPÍTULO 6 – ITENS PARA APROVAÇÃO

CAPÍTULO 7 – *BRIEFING*

CAPÍTULO 1

O marketing e a comunicação

Esquema

A origem do marketing
A evolução do marketing
A evolução da comunicação
A comunicação integrada
- Comunicação institucional
  - Identidade e imagem corporativa
  - Propaganda institucional
  - Jornalismo empresarial
  - Assessoria de imprensa
  - Editoração multimídia
  - Marketing social, cultural e esportivo
  - Relações públicas
- Comunicação administrativa
- Comunicação interna
- Comunicação mercadológica
  - Propaganda
  - Promoção de vendas
  - Venda pessoal
  - Marketing direto de relacionamento
  - Merchandising
  - Eventos

Objetivos

Ao término do capítulo, o leitor deverá ser capaz de:

➔ Explicar a dificuldade de traduzir o termo "marketing" para o português.
➔ Descrever a evolução pela qual passou o conceito de marketing.
➔ Entender a evolução da comunicação e o porquê de sua importância nas organizações.
➔ Explicar e discutir o termo "comunicação integrada".
➔ Identificar os objetivos das comunicações institucional, administrativa, interna e mercadológica.

Não fossem as evoluções contínuas e muitas vezes radicais, o homem ainda seria um ser primitivo. As transformações vêm ocorrendo em todas as áreas do conhecimento, desde a tecnologia até a maneira de pensar e agir das organizações. O pensamento organizacional deixou de ser linear, dando lugar ao pensamento sistêmico, cuja importância é o todo, não as partes. Neste, as ações são empreendidas sem considerar os impactos setoriais que compõem a empresa, mas – e principalmente – leva em consideração os objetivos principais da organização.

Nesse contexto, os conceitos de marketing e de comunicação deixam de existir como ferramentas isoladas da empresa, fazendo, agora, parte da gestão estratégica da organização.

Para que o leitor entenda essa transformação, um estudo sobre a evolução do marketing e da comunicação, mesmo que superficial, será apresentado a seguir, culminando na importância do processo de gestão estratégica da comunicação mercadológica.

A origem do marketing

Diversos autores tentaram traduzir a palavra "marketing", mas encontrar um único termo em português para atender ao que ele se propõe é muito difícil. *Marketing* é uma expressão anglo-saxônica derivada do latim *mercari*, que significa comércio – ou o ato de mercar, de comercializar, ou, ainda, transacionar. Alguns autores traduzem o termo como mercado; outros, como mercadologia.

Nos Estados Unidos, o marketing começou a ser caracterizado como corrente da área administrativa na primeira década do século XX. No Brasil, o neologismo "mercadologia" foi introduzido em 1947 pelo professor Álvaro Porto Moitinho, em seu livro *Ciência da administração*, no qual afirmava que mercadologia era o estudo do mercado.

Nessa época, o marketing ainda engatinhava em seus primeiros conceitos, e foi apenas em 1960 que a American Marketing Association (AMA) o definiu como: "o desempenho das atividades de negócio que dirigem o fluxo de bens e serviços do produtor ao consumidor ou utilizador".

Nesse mesmo ano, no Brasil, uma equipe de pesquisadores da McCann Erickson Publicidade e da Marplan lançou o livro *Técnicas e práticas da propaganda*, daí surgindo o termo "comercialização" como um dos primeiros indícios do marketing. Um ano depois, o mesmo termo apareceu no *Dicionário de propaganda*, mas traduzia apenas um dos aspectos do marketing, ou seja, o ato de comercializar.

Em 1962, a Fundação Getulio Vargas lançou o *Glossário de mercadologia*, oriundo da dificuldade em traduzir todo o complexo que a palavra marketing significava. Nele, surgiram duas palavras: "mercadologia" e "mercadização". Mas mercadologia significava apenas o estudo do mercado, enquanto mercadização correspondia à colocação do produto no mercado, equivalendo ao termo "comercialização".

Roberto Simões afirma que

> há, ainda, digno de registro, as tentativas de defini-lo [o marketing] como gerência de produto e como distribuição (o *Marketing handbooks* de 1948 defende esta tese), ambos refletindo também apenas alguns de seus aspectos.[1]

Alguns países de língua latino-americana tentaram definir marketing (Figura 1.1) como "mercadotecnia", ou seja, a técnica do mercado. Nem

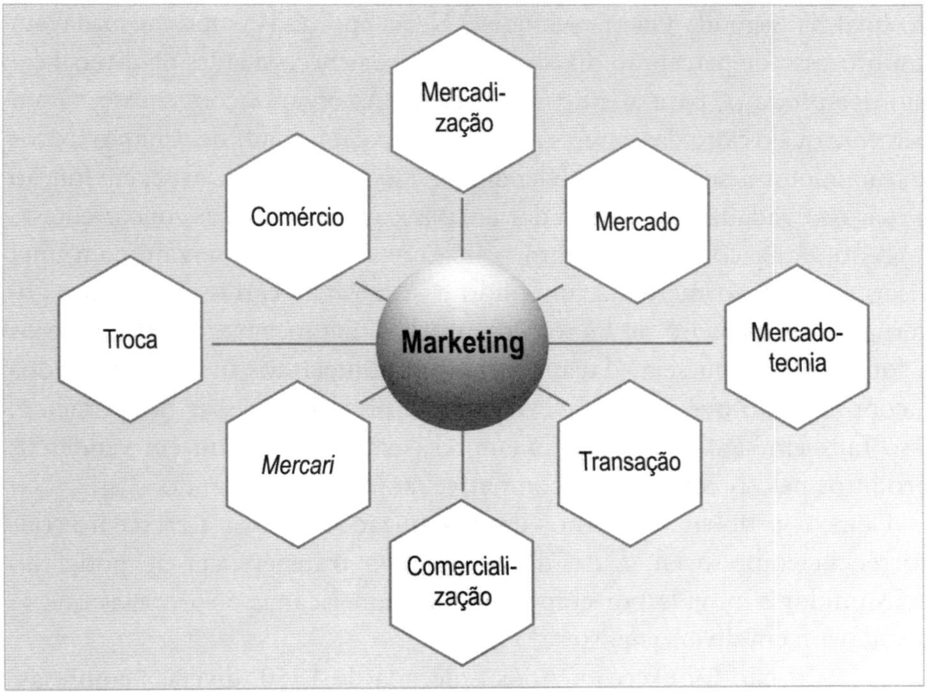

Figura 1.1 Tentativa de definição do termo "marketing".

mercadização, nem mercadologia, nem mercadotecnia vingaram como termos possíveis de traduzir "marketing".

Em 1963, o *The sales manager's handbook* registrou sua definição de marketing, com base no conceito da AMA, de 1960, como o desempenho das atividades de negócios, no sentido de orientar o fluxo de bens e serviços do produtor ao consumidor final.

Se partirmos da tradução de "marketing" como "mercadização", cujo sentido é a colocação do produto no mercado, correspondendo ao termo comercialização, verificaremos que comércio é um processo de troca, e, nesse momento, constataremos que o marketing remonta a tempos longínquos, em que a troca era necessária à sobrevivência. Mas o conceito foi se ampliando, resultando numa busca das necessidades provocadas pela competição do mercado.

A evolução do marketing

Entre 1945 e 1950, a reestruturação das organizações era necessária em razão do final da Segunda Guerra Mundial. Nessa época, as empresas iniciavam um processo de percepção do consumidor e das necessidades de diversificação dos produtos para atender aos clientes. As organizações começavam a perceber que o êxito das empresas dependia da capacidade de definir o que os consumidores desejavam ou poderiam vir a desejar. Organizar-se, em função dessas necessidades, significava dar um passo à frente de seus concorrentes.

As organizações que adotaram essa nova postura atuavam com uma visão voltada ao mercado, impondo a si mesmas certas regras que governavam o conceito de lucro. Procuravam, então, maximizar os lucros a longo prazo, ou seja, davam mais importância aos lucros moderados e contínuos do que àqueles elevados, que poderiam cessar bruscamente. Isso também significava que as empresas se contentavam em vender os produtos pelo preço mínimo compatível ao retorno esperado.

Com os problemas internos das organizações estava a crescente concorrência empresarial, fruto da progressiva transferência de poder ao consumidor e movida por empresas norte-americanas e europeias que se instalavam em diversas partes do mundo.

O Brasil não foi exceção. Após a década de 1950, diversas empresas, como Avon, Mercedes-Benz, Quaker, Volkswagen, entre outras, instalaram-

-se no País, trazendo recursos que possibilitariam maior competitividade ao mercado brasileiro. Esses recursos compreendiam desde pesquisas para o desenvolvimento de novos produtos até métodos de produção mais econômicos. Nesse momento, essas empresas voltaram sua atenção à evolução do mercado, tendo como objetivo o princípio de perenidade da organização.

Vários elementos deveriam ser analisados para que a empresa pudesse ser competitiva e atender ao princípio de perenidade. Era necessário um estudo minucioso sobre qual produto deveria ser colocado no mercado, em qual momento, qual a real necessidade do consumidor, a que preço e como a concorrência reagiria a esse preço.

Diante de tantos fatores a ser analisados, as empresas se reorganizaram e iniciaram um processo de definição de objetivos, agora a longo prazo. Tinha início o chamado "planejamento estratégico".

O planejamento estratégico levava em consideração as possíveis mudanças tecnológicas, o comportamento do consumidor e os recursos financeiros das empresas. Surgido na década de 1970, o planejamento estratégico[2] tinha a função de orientar os negócios e os produtos das empresas, de modo que gerassem lucro e crescimento satisfatórios.

Para realizar essa função, a alta administração precisava levantar e analisar as informações sobre o ambiente externo, ou seja, deveria saber o que estava acontecendo no mercado dos pontos de vista político, econômico, social e tecnológico. De posse dessas informações, as organizações tinham condições de verificar quais eram seus pontos fortes e fracos e, assim, desenvolver uma visão a longo prazo dos caminhos que deveriam seguir. Desenvolver visão a longo prazo não era tarefa fácil, era uma missão!

Muitas empresas tinham – e têm ainda hoje – dificuldade em definir sua missão. Alguns autores explicavam "missão" como a razão de ser da empresa, ou afirmavam que a missão da empresa deveria ser a resposta às perguntas: Por que a empresa existe? Qual é o seu propósito? Ora, se pensarmos no ser humano e tentarmos definir sua missão no mundo em que vivemos, teremos a mesma dificuldade. Qual é nossa missão aqui na Terra? O que viemos fazer aqui?

Se nos anos 1970 as empresas tinham dificuldade em definir sua missão, hoje a situação não mudou muito. A missão deveria retratar um "sonho quase impossível", como disse certa vez Akio Morita, presidente da Sony, que desejava que todos tivessem acesso ao "som pessoal portátil". Vale lembrar que a Sony criou o *walkman*.

A missão da empresa não deveria ser definida como venda ou lucro. Este era, e é, consequência de um trabalho bem-feito. Quando as vendas da IBM estavam na faixa dos 50 bilhões de dólares, seu presidente, John Akers, disse que a meta era chegar aos 100 bilhões até o final do século. Por outro lado, a Microsoft também tinha um sonho: tornar-se uma empresa de informações "na ponta dos dedos"; a informação ao alcance de todos.[3] Sem dúvida, o sonho da Microsoft transformou-se em sua missão, bem mais consistente que a da IBM.

A definição clara da missão possibilitaria o desenvolvimento dos objetivos organizacionais. Se imaginarmos um laboratório farmacêutico, podemos identificar também uma missão: "a preocupação em prolongar a vida das pessoas de forma saudável". A partir dessa premissa, poderíamos definir um de seus muitos objetivos: "tornar-se um fornecedor de medicamentos altamente qualificado e confiável, com responsabilidade social". Evidentemente, outros objetivos seriam traçados, como a ampliação da área de atuação, o trabalho em benefício da comunidade local, entre outros.

A missão e os objetivos faziam parte, então, do planejamento estratégico. As organizações o definiam para a empresa como um todo. Cada setor desenvolvia seu plano em função do planejamento global da organização. Assim, o marketing seria desenvolvido como plano, fundamentado no planejamento estratégico da empresa.

O plano de marketing desdobrava-se em metas, estratégias e planos de ação para atingir melhor os objetivos propostos pela organização – este era o rumo que o marketing tomava. Era necessária uma análise mais profunda das oportunidades de mercado, da pesquisa e da seleção de mercados-alvo.

Apesar dos esforços administrativos empregados nas empresas, nem tudo podia ser resolvido. A influência do ambiente externo era bastante grande, e isso ficou muito claro na década de 1980, quando a situação mundial mudou radicalmente. Depois da crise do petróleo e das sucessivas crises morais, o excesso de consumo passou a ser visto como um mal insustentável do ponto de vista ético, em face dos recursos naturais não retornáveis. O resultado dessa situação provocou mudanças sensíveis no padrão de vida dos consumidores. Muitos paradigmas do marketing estavam caindo por terra. A propaganda, chamada então "promoção", estava sendo questionada; a política de novos produtos precisava ser revista; e a distribuição, reorganizada.

A crise foi mundial. No Brasil, a situação era ainda pior. Sucederam-se nessa época vários planos econômicos cujos resultados foram frutos da inflação crônica, de concorrência acirrada e de mudanças radicais nos hábitos dos consumidores, resultando em profundas discussões por parte dos gestores sobre quais rumos deveriam seguir as organizações.

Em meio à crise, em 1985 a AMA redefiniu o conceito de marketing:

> é o processo de planejamento e execução de conceitos, precificação, promoção e distribuição de bens, ideias e serviços para criar trocas que satisfaçam os objetivos dos indivíduos e das empresas.

Se, de um lado, a crise do petróleo agravava a recessão econômica mundial, do outro, a informática e as telecomunicações impulsionavam os processos de produção de bens e serviços. A preocupação das organizações com o planejamento do produto, do preço, da distribuição e da comunicação justificava o novo conceito de marketing.

Com o advento do computador e a evolução tecnológica, foi possível criar outras técnicas, como o código de barras e os leitores ópticos, favorecendo o relacionamento entre fabricantes e varejistas, e novas formas de comunicação se estabeleceram em 1990, como a internet, a intranet, os celulares, o correio eletrônico etc. A tecnologia da informação marcava sua era.

Se a tecnologia da informação trouxe benefícios para a organização, também criou vários problemas. As novas tecnologias precisavam ser absorvidas pelos colaboradores das empresas, que corriam o risco de perder competitividade. Nessa época, as organizações já sentiam a dificuldade de implantação do planejamento estratégico. Essa dificuldade era retratada na falta de integração entre a concepção do planejamento e sua operacionalização, ou seja, havia uma distância muito grande entre quem planejava e quem executava as ações. O caminho encontrado foi reunir o planejamento estratégico à administração estratégica em um único processo, denominado "gestão estratégica".[4]

A administração estratégica implica mudança de atitude dos gestores em vários níveis, visando à integração de processos e de estratégias organizacionais. Essa mudança de atitude – como aspectos comportamentais, maior flexibilidade, integração de processos, interação das novas tecnologias oriundas da tecnologia da informação – levou as empresas a repensarem sua cultura organizacional, substituindo a forma de pensar linear pelo pensamento sistêmico.

A cultura organizacional pressupõe um conjunto de comportamentos, normas e códigos formais e informais que devem ser adquiridos por um processo de aprendizagem e transmitidos a todos os colaboradores da organização. O processo de implantação ou mudança da cultura organizacional envolve necessariamente a comunicação, que, por sua vez, deve ser simples e clara, para que todos os colaboradores entendam, aceitem, participem e desempenhem um comportamento que gere as mudanças propostas pela organização.

A tecnologia da informação transformou não só a cultura organizacional, como também o mercado, a capacidade produtiva e a competitividade das empresas. É muito comum a aplicação do *benchmark* e, com o auxílio da tecnologia, os concorrentes copiam e reproduzem, em questão de semanas, ou no máximo em alguns meses, qualquer melhoria ou aperfeiçoamento feito em um produto. Isso significa que os produtos estão se tornando muito similares – *commodities* –, sem quase nenhuma diferença entre eles, exceto a marca, o que obriga as organizações a repensar seu planejamento e suas estratégias mercadológicas.

Para Schultz e Barnes,[5] a principal vantagem competitiva a ser desenvolvida pelas organizações no século XXI será o valor perceptivo da marca – não só a de produtos, mas a institucional.

A valorização da marca como vantagem competitiva e a importância de um trabalho integrado em ações e divulgação – não só para os colaboradores da empresa, mas divulgação integrada de todas as ações a todos os públicos de interesse da organização – levam a comunicação a uma posição estratégica no planejamento organizacional. Nesse contexto, a comunicação passa a ter a relevância que lhe é devida como "comunicação organizacional integrada", ou, simplesmente, "comunicação integrada".

A integração de todas as ações realizadas pela empresa, sobrepujando a comunicação, alimentaram o novo conceito de marketing da AMA em 2004:

> é a função organizacional e uma série de processos para a criação, a comunicação e a entrega de valor para clientes e para o gerenciamento de relacionamentos com eles, de forma que beneficie a organização e seus *stakeholders*.

É bem interessante observar a evolução dos conceitos de marketing da AMA. Em 2004, os de precificação, promoção e distribuição caíram por terra, elevando o marketing a uma função organizacional em benefício da organização e de seus públicos de interesse.

Em 2007, a AMA redefiniu o marketing como:

> a atividade de um conjunto de instituições e processos para criar, comunicar, distribuir e efetuar trocas de bens que tenham valor para consumidores, clientes, parceiros e a sociedade como um todo.

O conceito de marketing não mudou, apenas se estendeu a instituições e a todos os stakeholders, que ora são traduzidos pelos clientes, parceiros e sociedade. A essência da definição de 2004 permanece na definição de 2007. É um conjunto de atividades, com valores, envolvendo uma sociedade e, portanto, devendo ser administrada e gerida de forma sistêmica. Por ser sistêmica, deve interligar e integrar todos os processos da empresa.

A interligação e a integração dos processos da organização são explicadas por Yanaze[6] no fluxograma apresentado na Figura 1.2.

De acordo com o autor, os *inputs* compreendem todos os elementos necessários à viabilização das operações da organização, ou seja, os recursos financeiros, humanos e materiais, além da infraestrutura, das informações e da tecnologia. Os *throughputs* indicam como esses elementos serão trabalhados pela empresa, sejam eles processos de produção, sistemas administrativos,

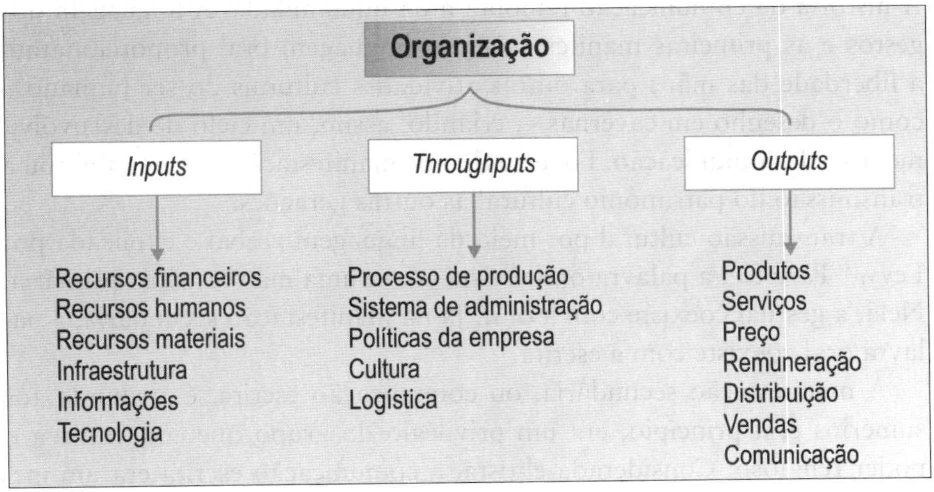

Figura 1.2 Fluxograma de Yanaze.

políticas empresariais, cultura, logística etc. Os *outputs* são os resultados obtidos nos procedimentos dos *throughputs*, isto é, produtos, serviços, preços, remuneração, distribuição, vendas e comunicação.

Para Yanaze, "quaisquer problemas que ocorram nos *inputs* ou nos *throughputs* acabam influenciando um ou mais elementos do *output*", o que leva o autor a concluir que:

> a atribuição de produzir *outputs* adequados é de toda a organização. Assim, entende-se que marketing, longe de ser uma atividade do "departamento de marketing da empresa", é uma responsabilidade que envolve todos os que compõem a organização.[7]

A visão sistêmica do marketing apresentada por Yanaze vai ao encontro do conceito definido pela AMA, em 2004, o que permite afirmar que marketing é uma função organizacional e uma série de processos – *inputs*, *throughputs*, *outputs* – que beneficiam a organização e seus *stakeholders*. Os processos para criação, comunicação, entrega de valores aos clientes e gerenciamento de relacionamento com estes requerem, necessariamente, a utilização da comunicação integrada, bem como da gestão sistêmica.

A evolução da comunicação

A história da comunicação remonta à da humanidade. A linguagem dos gestos e as primeiras manifestações da linguagem oral proporcionaram a liberdade das mãos para outras atividades culturais do ser humano – como o desenho em cavernas –, criando, assim, um ciclo de desenvolvimento e de comunicação. Foi esse tipo de manifestação que possibilitou a transmissão do patrimônio cultural às outras gerações.

A transmissão cultural por meio da linguagem verbal é explicada por Levy.[8] Para ele, a palavra oral é vista como uma manifestação primária. Nela, a gestual coexiste com a oral. Já na manifestação secundária, a palavra oral coexiste com a escrita.

A manifestação secundária, ou comunicação escrita, é atribuída aos sumérios e, a princípio, era um privilégio do grupo que concentrava o poder religioso. Considerada elitista, a comunicação escrita era um instrumento de poder e de controle, e sua popularização ocorreu lentamente.

Com o desenvolvimento da tecnologia e o aparecimento das mídias – como o telégrafo, o telefone, a radiofonia, o jornal, o cinema e a televisão –, a comunicação ampliou seu número de receptores e se caracterizou como comunicação de massa.

Com o advento do computador e a criação da internet, surgiu a comunicação virtual, cuja característica mais marcante é a interatividade. Com ela, é possível conectar-se com qualquer parte do mundo, sem barreiras de tempo nem limites. O universo todo está interligado.

O homem, portanto, desenvolveu meios para se comunicar, e a abordagem histórica das mídias constituiu excelente caminho para a compreensão da relação humana com a comunicação.

A comunicação integrada

A partir da segunda metade do século XX – mais acentuadamente no final do século –, quando a comunicação virtual se estabeleceu no universo, as organizações sentiram necessidade de rever os modelos de comunicação até então adotados. Os empresários perceberam que novos sistemas se incorporavam aos antigos, e administrar a empresa de forma linear já não era a maneira de obter resultados positivos. Um novo modelo, baseado no pensamento sistêmico, passou a desempenhar função de extrema importância na gestão estratégica organizacional redesenhando o papel da comunicação nas empresas.

Hoje, a comunicação passa necessariamente pelas novas tecnologias, que proporcionam uma relação inovadora entre a organização e seus *stakeholders*. Vale ressaltar, no entanto, que essa tecnologia é ainda bastante nova, e que os processos de aprendizagem e de adaptação dependem muito de como a organização planeja sua comunicação. Esse planejamento exige interação, unificação de mensagem, instruções, boa vontade e envolvimento de todos os colaboradores. Para que isso seja possível, é necessária uma comunicação integrada.

A comunicação integrada tenta estabelecer uma política global entre os programas estabelecidos nas diversas instâncias da organização, além de evitar sobreposições de tarefas. Esses programas devem trabalhar de forma conjunta, integrados entre si e com os demais dentro da organização, tendo em vista seus objetivos gerais e, ao mesmo tempo, aqueles específicos de cada projeto. Trata-se, pois, de uma gestão coordenada e sinergética dos esforços humanos e organizacionais, como afirma Kunsch,[9] visando à eficácia.

A comunicação organizacional não é uma função departamental, mas, principalmente, de toda a organização, em que todos os colaboradores se tornam responsáveis pelos resultados da empresa.

Esta visão sistêmica comunicacional pode ter o mesmo perfil adotado no "Fluxograma sistêmico do marketing" de Yanaze,[10] que, adaptado, ganhou o título "Fluxograma estratégico da comunicação organizacional".

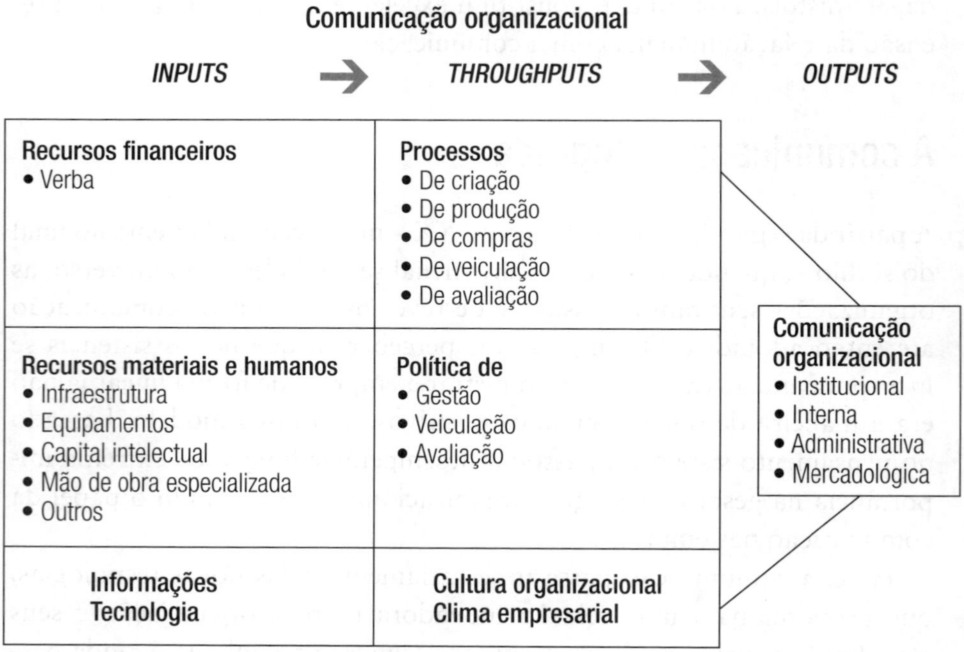

Figura 1.3 Fluxograma estratégico da comunicação organizacional.

Comunicação organizacional deve ser entendida como um processo sistêmico, no qual todos os colaboradores devem interagir de forma que proporcione um relacionamento favorável com os *stakeholders*, com os quais a organização se relaciona, imprimindo sua cultura e seu clima organizacional.

Esse processo implica *inputs* que consideram os recursos financeiros, materiais e humanos, a informação e a tecnologia; os *throughputs*, que transformarão os *inputs* em processos (de criação, produção, compras, veiculação e de avaliação), em políticas (de gestão, veiculação e avaliação) e cultura organizacional e clima empresarial. Os *outputs* são os resultados obtidos da interação entre esses processos, ou seja, a comunicação institucional, interna, administrativa e mercadológica.

Comunicação institucional

A comunicação institucional tem por objetivo conquistar a confiança, a credibilidade e a simpatia dos *stakeholders* da organização. Além desse objetivo, estabelece um conceito público para a empresa, difundindo sua filosofia, missão, visão e valores, que serão retratados em suas políticas e práticas.

Segundo Kunsch,[11] a comunicação institucional compreende a identidade e a imagem corporativa, propaganda institucional, jornalismo empresarial, assessoria de imprensa, editoração multimídia, marketing social e cultural – acrescenta-se aqui o esportivo –, além das relações públicas.

Identidade e imagem corporativa

A identidade corporativa reflete e projeta a real personalidade da organização,[12] ou seja, quem ela é efetivamente, e não apenas sua aparência simbólica representada pela logomarca. Assim como a personalidade do ser humano, a da organização é caracterizada por seu comportamento, refletindo um conjunto de propostas representado por suas intenções, pela maneira como age e reage às mudanças do meio ambiente e pelas ações concretas. Esse conjunto de propostas pode ser traduzido como missão, visão e valores da organização, cujo objetivo é estabelecer seu posicionamento institucional.

Enquanto a identidade corporativa retrata o comportamento da organização, a imagem corporativa representa a forma como a organização é vista por seus diferentes públicos. É a percepção que as pessoas têm da empresa em relação ao seu comportamento; portanto, é o retrato do posicionamento estabelecido pela identidade.

Propaganda institucional

Para que as pessoas percebam o posicionamento de determinada organização, é preciso que haja divulgação, e a propaganda institucional auxiliará a construção da identidade e da imagem corporativa, bem como tentará conquistar a confiança, a credibilidade e a simpatia de seus *stakeholders*.

O termo "propaganda" pode ser definido como a mensagem divulgada em veículos de comunicação, que tem por finalidade criar ou reforçar imagens ou preferências na mente do consumidor, predispondo-o favoravelmente em relação ao produto ou serviço, ou, ainda, à instituição patrocinadora. No entanto, uma organização pode se valer de outros meios para divulgar seu posicionamento, utilizando, por exemplo, o jornalismo empresarial.

Jornalismo empresarial

Este compreende jornais, revistas, boletins, rádio e TV e se caracteriza pela atualidade, periodicidade, universalidade e difusão coletiva, podendo apresentar informações sobre quaisquer áreas ou programas de interesses da organização e de seus públicos. Tem como objetivo "estabelecer, pela informação e promoção dos produtos e atividades da empresa, uma sincronização de iniciativas e interesses entre a empresa e seus agentes diretos e indiretos de produção e vendas".[13]

O jornalismo empresarial não se restringe ao âmbito interno das organizações, porém difere da assessoria de imprensa, que pode atingir um número maior de pessoas.

> **A comunicação institucional compreende:**
> - identidade e imagem corporativa;
> - propaganda institucional;
> - jornalismo empresarial;
> - assessoria de imprensa;
> - editoração multimídia;
> - marketing social, cultural e esportivo;
> - relações públicas.

Assessoria de imprensa

Esta compreende um trabalho de captação de fatos ocorridos na organização, a transformação destes em textos jornalísticos e sua divulgação coordenada, coerente e lógica aos jornalistas dos meios de comunicação impressos e/ou eletrônicos. Essa divulgação pressupõe um *release* dirigido ao perfil editorial dos veículos selecionados, visando ao interesse dos jornalistas e, por consequência, sua publicação. A assessoria de imprensa é uma ferramenta que contribui para a formação da imagem da organização, seja pela divulgação de sua marca, pelos fatos nela ocorridos, ou, ainda, pela opinião emitida por seus diretores em qualquer campo de atividade.

Editoração multimídia

Esta é parte integrante da comunicação institucional e, como tal, apoia todos os programas desenvolvidos na organização. Seus produtos são:

as videoconferências, os DVDs, os CDs, os sites, os hotsites, o correio eletrônico, a intranet, os vídeos digitais, além de muitos outros. Todos os produtos da editoração multimídia devem ter uma linguagem unificada e condizente com os objetivos gerais da comunicação, levando o usuário à compreensão e à preservação dos conceitos fundamentais da organização.

Marketing social, cultural e esportivo

A tecnologia da informação não modificou apenas o modo de pensar e de agir das organizações. Mudou também o comportamento do ser humano, tornando-o mais exigente, mais cônscio de seus direitos e, portanto, cobrando mais das organizações. Deixaram de ser meros consumidores de produtos, transformando-se em agentes ativos na cobrança de transparência das empresas. Essa mudança fez que as empresas investissem não apenas em programas somente em benefício da comunidade, mas também em ações que aumentassem sua aceitação como organização. Passou-se, então, a adotar o marketing social, cultural e esportivo, que compreendem programas destinados a melhorias e prevenção nas áreas de saúde, saneamento, preservação do meio ambiente, educação, lazer, esportes, ou de qualquer outra natureza, em benefício da comunidade.

Relações públicas

A Associação Brasileira de Relações Públicas define relações públicas como

> a atividade e o esforço deliberado, planejado e contínuo para estabelecer e manter a compreensão mútua entre uma instituição pública, privada ou de grupos de pessoas a que esteja direta ou indiretamente ligada.[14]

Entende-se, portanto, que as atividades deste profissional estão ligadas a todos os *stakeholders* da organização, podendo ser o governo, fornecedores, associações de classe, colaboradores internos e externos etc.

Tendo suas atividades ligadas a esses *stakeholders*, é fundamental que o profissional de relações públicas busque conhecê-los para detectar seus perfis, anseios, ambições e opiniões a respeito da organização. Para tanto, faz uso da pesquisa como principal ferramenta de trabalho, podendo, então, com base nelas definir as estratégias e ações básicas da comunicação. Esse profissional atua em conjunto e apoiando as áreas de propaganda institucional, de jornalismo empresarial, de assessoria de imprensa, de editoração multimídia, de marketing social, cultural e esportivo, defendendo valores, conceitos e princípios da empresa, bem como gerenciando crises para a construção da identidade e da imagem da organização.[15]

Comunicação administrativa

Abrange todos os assuntos relacionados ao cotidiano da administração, ou seja, é ela quem se relaciona com os fluxos, os níveis e as redes formal e informal, que permitem o funcionamento do sistema organizacional. Tem por objetivo orientar, atualizar e ordenar o fluxo das atividades funcionais.

Para Torquato,[16] a comunicação administrativa é o eixo principal de tramitação da informação do trabalho rotineiro – normas, instruções, portarias, memorandos, cartas técnicas, índices, taxas, regulamentos, avisos, racionalização de rede etc.

A comunicação administrativa abrange:
- os fluxos administrativos;
- os níveis hierárquicos;
- as redes formal e informal de comunicação.

Observa-se que os vários tipos de mensagens administrativas têm sua origem em diferentes setores da empresa, e alinhar esse tipo de comunicação é uma tarefa bastante árdua, tendo em vista o caráter e a personalidade dos executivos que as emitem. Por essa razão a comunicação administrativa é considerada um dos maiores problemas da organização. O gestor da comunicação administrativa deve possuir amplo conhecimento dos sistemas organizacional e de comunicação, a fim de administrar e orientar os diversos setores da empresa para que haja unificação, clareza e objetividade na construção das mensagens.

Comunicação interna

Esta é voltada a todos os colaboradores da empresa – ou seja, diretoria, gerência, coordenadores e auxiliares – e tem como finalidade propiciar meios para promover a integração entre eles, compatibilizando os interesses dos funcionários aos da empresa. Incentiva a troca de informações e estimula as experiências e o diálogo, bem como a participação de todos, a fim de atingir os objetivos gerais da organização.

A integração entre os colaboradores e a organização passa pelo caráter de sensibilização dos programas que a empresa define como prioritários. Uma pesquisa com os colaboradores auxiliará na tomada de decisão sobre quais ações serão desenvolvidas. Para a obtenção de resultados, a comunicação interna deve ser interativa, seja em programas que envolvam mudanças nos padrões culturais, seja em programas de caráter social.

A comunicação interna compreende ainda o endomarketing, assunto bastante controverso entre os estudiosos do assunto. Para que o leitor possa compreender melhor sua função, foram selecionados alguns conceitos e opiniões.

Para Saul Bekin,[17] criador do termo, endomarketing refere-se às ações do próprio marketing dirigidas ao público interno das organizações para que este "compre" a empresa, com a finalidade de promover entre os colaboradores valores destinados a servir o cliente.

Com o mesmo objetivo de servir o cliente, Kotler[18] utiliza o termo "marketing interno" para definir a "tarefa de contratar, treinar e motivar os funcionários que desejam atender bem os clientes".

Brum[19] considera que o endomarketing tem como função fazer que todos os colaboradores da empresa tenham uma visão compartilhada sobre a organização, incluindo metas, resultados, produtos e serviços. Acredita que o ser humano ocupa um lugar de destaque na empresa, levando as organizações a descobrir que resultados positivos são decorrentes da satisfação e da motivação dos colaboradores.

Kunsch[20] acredita que o endomarketing limita-se a ver os colaboradores como clientes internos e que,

> antes de ser empregado, o indivíduo é um ser humano e um cidadão. (...) Ele atua num ambiente organizacional formado por pessoas que buscam interagir em virtude da consecução dos objetivos gerais das organizações. Não é, portanto, um espaço de mercado.

Para Cerqueira,[21] endomarketing é caracterizado por

> projetos e ações que uma empresa deve empreender para consolidar a base cultural do comprometimento de seus funcionários com o desenvolvimento adequado das suas diversas tecnologias.

Ainda de acordo com esse autor, o endomarketing visa à manutenção de um clima ideal de valorização e reconhecimento dos colaboradores, à obtenção de índices maiores de produtividade, qualidade e redução de custos, além dos canais de comunicação adequados para a eliminação de conflitos e insatisfações etc.

> A comunicação interna incentiva a troca de informações e estimula as experiências e o diálogo, bem como a participação de todos, a fim de atingir os objetivos gerais da organização.

Embora com focos distintos, os conceitos retratados pelos autores nos levam a concluir que tanto a comunicação interna quanto o endomarketing são de grande relevância ao desenvolvimento dos colaboradores e da organização. Por uma questão didática e para compreensão dos próximos capítulos, endomarketing será aqui considerado uma subárea da comunicação interna, que tem por finalidade a promoção e a integração de todos os colaboradores da organização, compatibilizando tanto os interesses destes quanto os da empresa. Nesse conceito, inclui-se toda a ação possível ao bem-estar dos colaboradores, bem como a promoção da instituição em relação ao público interno.

Inúmeras campanhas podem ser desenvolvidas como instrumento de divulgação da comunicação interna; por exemplo, campanhas de prevenção de acidentes, aperfeiçoamento profissional, criatividade, competitividade etc. Para a divulgação das campanhas e dos programas de comunicação interna, as organizações podem fazer uso de circulares, quadro de avisos, manuais, boletins, jornais, revistas, eventos, vídeos, CDs, correio eletrônico, intranet, entre outras mídias.

Comunicação mercadológica

Muitos acreditam que esta comunicação é sinônimo de marketing, e infelizmente essa visão é difundida de forma errônea e sem fundamento. O marketing expressa em seu conceito básico uma filosofia empresarial, e "deve ser algo que norteia as ações da empresa, que direciona atitudes, posturas, comportamentos e motivações de todas as pessoas da empresa"[22]. Essa filosofia é retratada no conceito mais simples de marketing, generalizada como uma atividade humana dirigida a satisfazer necessidades e desejos por meio do processo de trocas. Para que tal filosofia seja aplicada, é preciso que todos os colaboradores se envolvam no processo que abrange desde a compra da matéria-prima, passando por sua transformação em produtos e serviços, venda, faturamento, entrega, divulgação, até a constatação da satisfação do cliente.

É possível constatar que a divulgação ou a comunicação é parte integrante do processo de marketing. É a comunicação de marketing – ou mercadológica – que vai divulgar os resultados do processo, ou seja, os produtos e serviços da organização.

A comunicação mercadológica abrange toda forma de comunicação capaz de atingir um objetivo de marketing, e deve ser elaborada com base no quadro sociocultural do consumidor-alvo. Seus principais instrumentos são: propaganda, promoção de vendas, venda pessoal, merchandising, eventos e marketing direto de relacionamento.

Propaganda

Advertising é um termo inglês cuja tradução nos dicionários é publicidade, anúncio e, às vezes, cartaz. *Publicity* também é outro termo, cuja tradução aparece como publicidade. Na realidade, *advertising* significa propaganda, e *publicity*, publicidade – informação difundida por meio de veículos de comunicação, com o objetivo de divulgar notícias sobre empresas, produtos, pessoas, eventos, sem que o anunciante pague por isso. Poder-se-ia dizer que o fruto da assessoria de imprensa é a publicidade. No entanto, no Brasil, esta última palavra tornou-se ambígua, principalmente depois de instituída a profissão de publicitário, que deveria ser, portanto, o profissional que levanta as informações, escreve um *release* e o dissemina entre os veículos de comunicação. Certo? Errado! Agência de publicidade é uma assessoria de imprensa ou agência de propaganda?

O objetivo não é discutir a terminologia. No entanto, é preciso esclarecer que há uma discussão muito grande sobre os dois termos, e, aqui, propaganda será sinônimo de publicidade.

A propaganda tem como função principal informar benefícios, características e atributos; utilizada invariavelmente nos lançamentos de produtos e na divulgação de eventos, tornando a marca conhecida e sugerindo a ação de compra por parte do consumidor. É também usada para sustentar as vendas de um produto, mantendo sua imagem em evidência. É estática, impessoal e não interage com o consumidor. Recomenda-se que a propaganda seja contínua para fixação da marca.

Além das peças publicitárias tradicionais – anúncios, comerciais, *spots*, outdoors, painéis, cartazes, catálogos, encartes –, a propaganda abrange os informes publicitários, os infomerciais, as embalagens e os rótulos.

Os informes publicitários são peças publicitárias de conteúdo editorial e podem ser confundidos com matérias jornalísticas. Infomerciais são comerciais de longa duração – em média, 30 minutos – veiculados nas emissoras de TV, cuja finalidade é demonstrar e/ou discutir um produto. Em geral, o telespectador pode telefonar e solicitar o produto, e, por essa razão, somente no caso dos infomerciais, os resultados da propaganda podem ser mensurados rapidamente.

A embalagem e o rótulo podem funcionar como *displays* nos pontos de venda. São ferramentas que trazem informações e características sobre o produto e, portanto, consideradas propaganda.

Promoção de vendas

Promoção de vendas diferencia-se da propaganda por seu período de exposição e retorno mais rápido. Com a característica de gerar vendas rapidamente, por determinado período, ela sempre oferece algo ao consumidor – desconto, brinde, compra de dois produtos pelo preço de um. Este tipo de ação faz parte das estratégias de venda para reduzir estoques ou desequilibrar ações da concorrência. Quando denominada apenas promoção, envolve sorteios, concursos, cupons e é mais interativa, exigindo a participação do consumidor.

Venda pessoal

Embora autores consagrados como Kotler, Churchill, Semenick e tantos outros incluam a venda pessoal como parte integrante da comunicação, ela é mais uma estratégia de vendas. Envolve interação direta com o cliente, seja pessoalmente, por telefone, fax ou e-mail. Caso o potencial comprador não conheça o produto ou procure mais detalhes sobre ele, o vendedor deve estar apto a fornecer as informações requeridas, utilizando técnicas da comunicação para que o consumidor adquira o produto. Um vendedor bem treinado é bem mais eficiente que a propaganda veiculada nos meios de comunicação. A venda pessoal evoluiu para o que conhecemos hoje como marketing de relacionamento.

A comunicação mercadológica abrange:
- propaganda;
- promoção de vendas;
- venda pessoal/marketing direto de relacionamento;
- merchandising;
- eventos.

Marketing direto de relacionamento

O conceito de marketing direto de relacionamento abrange o de marketing direto, que, de acordo com a Direct Marketing Association (DMA), é um sistema de marketing interativo que utiliza um ou mais meios de propaganda para obter uma resposta mensurável e/ou uma transação em qualquer lugar.

Enquanto o tradicional marketing direto utiliza ferramentas como mala direta, catálogos, telemarketing e, eventualmente, envio de brindes, o marketing direto de relacionamento faz uso de, além destas, programas de ofertas e descontos ligados à frequência de uso, com o objetivo de construir um relacionamento mais duradouro com os clientes.

Merchandising

Este é um conjunto de ações que visa construir um cenário favorável à compra do produto no ponto de venda. Tem como objetivos induzir consumidores potenciais à experimentação do produto, apresentar inovações, incentivar os canais de distribuição, além de provocar tráfego nas lojas.

Convencionou-se chamar de merchandising a aparição de produtos, serviços ou marcas em programas televisivos; no entanto, o nome correto é merchandising editorial, que também pode ser chamado de *tie-in,* ou, ainda, *product placement.* A definição correta destes três termos pode ser entendida como "uma ação integrada ao desenvolvimento do esquema editorial por encomenda",[23] ou seja, inserção de marcas comerciais nos roteiros de programas televisivos, a exemplo dos *reality shows.*

Eventos

São diversos os eventos que fazem parte do mundo da comunicação, como feiras, exposições, lançamentos de produtos, seminários, congressos, convenções, *workshops* etc. Outro formato que vem apresentando bons resultados para as empresas, agregando valor às marcas, dirigido ao público jovem, são os megaeventos. A Skol é um exemplo. Desde quando lançou, em 2000, a primeira edição do evento de música eletrônica Skol Beats, a detentora da marca, AmBev, viu seu *share* de mercado passar de 25,8%, em 1999, para 32,2%.[24] Outras marcas também apostam em grandes eventos, como Nokia Trends, Coca-Cola Vibezone, Tim Festival, ou em eventos patrocinados, como Brasília Music Festival Mix e Chimera Music Festival.

A comunicação integrada, como foi vista, envolve a empresa como um todo; por essa razão, deve ser planejada pela organização; no entanto, algumas empresas podem recorrer a agências de comunicação para auxiliá-las, porque podem desenvolver planos para os quatro tipos de comunicação – institucional, administrativa, interna e mercadológica. O foco deste livro é a gestão estratégica da comunicação mercadológica, assunto do próximo capítulo.

Resumo

Diversos autores tentaram traduzir o termo "marketing", porém, nenhum correspondia ao real significado da palavra. Por exemplo, mercado, comércio, troca, comercialização, entre outros, não obtiveram sucesso.

Em 1960, marketing foi definido pela AMA como "o desempenho das atividades de negócios que dirigem o fluxo de bens e serviços do produtor ao consumidor ou utilizador"; definição esta que sofreu várias alterações em função do aumento da concorrência, da tecnologia da informação e da consequente mudança de comportamento do consumidor. Em 2004, a AMA reviu seu conceito, e marketing passou a ser uma "função organizacional e uma série de processos para a criação, a comunicação e a entrega de valor para clientes e para o gerenciamento de relacionamentos com eles, de forma que beneficie a organização e seus *stakeholders*".

A história da comunicação remonta à origem da humanidade, expressa de maneira primitiva nos desenhos das cavernas, evoluindo para a comunicação escrita como forma de transmissão cultural às outras gerações. O aparecimento de mídias como telégrafo, telefone, radiofonia, jornal, cinema, televisão, internet e telefone celular contribuiu para o crescimento do número de receptores.

Tanto a evolução do marketing quanto a da comunicação contribuíram para que as organizações repensassem seus modelos de gestão. Os executivos começaram a compreender a importância do pensamento sistêmico para dirigir as empresas e adotaram a gestão estratégica como novo modelo de gestão. Passaram a considerar a comunicação como função organizacional capaz de interligar e integrar todos os processos da organização.

Os processos da organização passam necessariamente pelas novas tecnologias, que proporcionam uma nova relação entre as empresas e seus *stakeholders*, principalmente porque exigem processos de aprendizagem e de adaptação dos envolvidos com a organização. É preciso, portanto, que haja uma comunicação mais sistêmica, o que implica processos de *inputs*, que consideram os recursos financeiros, materiais e humanos, informação e tecnologia; os *throughputs*, que transformarão *inputs* em processos (de criação, produção, compras, veiculação e avaliação), em políticas (de gestão, veiculação e avaliação), cultura organizacional e clima empresarial. *Outputs são* os resultados obtidos da interação dos processos de *inputs* e *throughputs*, ou seja, comunicação institucional, interna, administrativa e mercadológica.

Considerada parte integrante da gestão estratégica, a comunicação integrada abrange as comunicações institucional, administrativa, interna e mercadológica.

A comunicação institucional tem por finalidade conquistar a credibilidade e a confiança dos *stakeholders*, divulgando a filosofia, a missão, os valores e princípios da organização, retratados em suas políticas e práticas. Para isso, utiliza ferramentas como identidade e imagem corporativa, propaganda institucional, jornalismo empresarial, assessoria de imprensa, editoração eletrônica, marketing social, cultural e esportivo, bem como relações públicas.

A comunicação administrativa tem como preocupação a unificação da linguagem no que se refere aos fluxos de serviços, aos níveis hierárquicos, às redes formais e informais de comunicação, objetivando orientar, atualizar e ordenar o fluxo de atividades funcionais da organização. Fazem parte da comunicação administrativa normas, instruções, portarias, memorandos, cartas técnicas, regulamentos, avisos, índices, taxas, racionalização de redes etc.

A comunicação interna, voltada a todos os colaboradores da organização, tem como objetivo promover a integração dos funcionários, troca de informação, estímulo às experiências e ao diálogo. Para tanto, desenvolve programas de prevenção de acidentes, de aperfeiçoamento profissional, campanhas de criatividade e competitividade etc.

A comunicação mercadológica tem como objetivo divulgar os produtos e/ou serviços da organização, visando, grosso modo, ao aumento de vendas ou simplesmente sua estabilização no mercado. Suas principais ferramentas são: propaganda, promoção de vendas, venda pessoal, merchandising, eventos e marketing direto de relacionamento.

Planejada a comunicação integrada, a empresa deve desenvolver planos de ações para cada programa estabelecido e integrá-los na sequência. As diretrizes principais são dadas pela empresa às suas agências, porém, antes que isso aconteça, é preciso desenvolver um planejamento.

Questões para revisão e discussão

1. Explique com suas palavras a evolução dos conceitos de marketing e comunicação.
2. Por que, na sua opinião, a comunicação deixou de ter foco único no consumidor final, abrangendo agora todos os *stakeholders* da organização?
3. Explique a visão sistêmica da comunicação organizacional, utilizando como ferramenta o "Fluxograma estratégico da comunicação organizacional".
4. Qual a diferença entre a comunicação interna e a comunicação administrativa?
5. Crie um miniprograma para ser divulgado entre os colaboradores de uma empresa.
6. Por que a comunicação institucional é importante?
7. Escolha uma empresa e tente identificar sua imagem.
8. Quais são as ferramentas que compõem a comunicação mercadológica?
9. Selecione vários anúncios ou comerciais e tente identificar em que tipo de comunicação eles se encaixam. Faça esse exercício em grupo. Discuta com seus colegas.
10. Em sua opinião, que informações são necessárias para a realização de uma campanha de comunicação mercadológica?

Referências

[1] SIMÕES, Roberto. *Iniciação ao marketing*. 3. ed. São Paulo: Atlas, 1973. p. 22.

[2] KOTLER, Philip. *Administração de marketing:* análise, planejamento e controle. 3. ed. São Paulo: Atlas, 1993, p. 63.

[3] ______; ARMSTRONG, Gary. *Princípios de marketing*. 7. ed. Rio de Janeiro: Prentice Hall, 1998. p. 24.

[4] TAVARES, Mauro Calixta. *Gestão estratégica*. São Paulo: Atlas, 2000. p. 33.
[5] SCHULTZ, Don E.; BARNES, Beth E. *Campanhas estratégicas de comunicação de marca*. Rio de Janeiro: Qualitymark, 2001. p. 32.
[6] YANAZE, Mitsuru Higuchi. Esqueça o marketing. *Líbero*, ano 3, n. 5, p. 88-92.
[7] Idem, p. 91.
[8] LEVY, Pierre. *As tecnologias da inteligência*. São Paulo: Editora 34 letras, 2004. p. 2-76.
[9] KUNSCH, Margarida M. K. *Planejamento de relações públicas na comunicação integrada*. São Paulo: Summus, 2003. p. 180.
[10] YANAZE, Mitsuru Higuchi. *Gestão de marketing e comunicação*. São Paulo: Saraiva, 2007. p. 232.
[11] KUNSCH, Margarida M. K. *Planejamento de relações públicas na comunicação integrada*. São Paulo: Summus, 2003. p. 151.
[12] Idem, p. 172.
[13] TORQUATO, Gaudêncio. *Tratado de comunicação organizacional e política*. São Paulo: Pioneira Thomson, 2002, p. 70-72.
[14] ASSOCIAÇÃO BRASILEIRA DE RELAÇÕES PÚBLICAS. Disponível em <http://www.abrpsaopaulo.com.br>. Acessado em: 18 set. 2005.
[15] TORQUATO, Gaudêncio. *Tratado de comunicação organizacional e política*. São Paulo: Pioneira Thomson, 2002. p. 73.
[16] Idem, p. 45.
[17] BEKIN, Saul F. *Conversando sobre o endomarketing*. São Paulo: Makron, 1995, p. xvii-35.
[18] KOTLER, Philip. *Administração de marketing:* a edição do novo milênio. São Paulo: Prentice Hall, 2000. p. 44.
[19] BRUM, Analisa de Medeiros. *Endomarketing como estratégia de gestão:* encante seu cliente interno. Porto Alegre: L&PM, 1998, p. 15-19.
[20] KUNSCH, Margarida M. K. *Planejamento de relações públicas na comunicação integrada*. São Paulo: Summus, 2003. p. 155.
[21] CERQUEIRA, Wilson. *Endomarketing:* educação e cultura para a qualidade. Rio de Janeiro: Qualitymark, 1994, p. 51.
[22] YANAZE, Mitsuru Higuchi. Relações públicas e o marketing. In: KUNSCH, Margarida M. K. (Org.). *Obtendo resultados com relações públicas*. São Paulo: Pioneira Thomson, 2001. p. 51.

[23] BLESSA, Regina. *Merchandising no ponto-de-venda*. São Paulo: Atlas, 2001, p. 21.

[24] *MEIO & MENSAGEM*. Marcas acirram disputa com notas musicais. Ano XXVI, n. 1123-1130, p. 45, ago. 2004.

CAPÍTULO 2

Planejamento

Esquema

O que é planejamento?
  Missão e visão
Análise ambiental – SWOTCOM
  Análise SWOTCOM qualitativa
  Análise SWOTCOM quantitativa
Diagnóstico de comunicação

Objetivos

Ao término do capítulo, o leitor deverá ser capaz de:

- ➔ Entender o que é planejamento e quais são os seus componentes.
- ➔ Definir missão, visão, valores e princípios de uma organização.
- ➔ Realizar uma análise ambiental – SWOTCOM – para detectar oportunidades e ameaças e definir objetivos e estratégias.
- ➔ Realizar um diagnóstico de comunicação mercadológica.

Existem pessoas que ainda pensam que comunicação é apenas um ato de criação luminosa. Um *insight*! Há os que afirmam que o papel das agências de comunicação é o de fazer milagres, fazer que os consumidores saiam de suas casas correndo em busca do produto divulgado.

Vale, nesse exato momento, parafrasear Al Ries e Jack Trout.[1] Era uma vez uma agência de comunicação muito criativa... Tão criativa que era capaz de transformar latas vazias em barras de ouro. Mesmo hoje, muita gente acredita na alquimia dessas agências que trabalham apenas com criação. Isto é uma tolice! "Não há alquimia entre os publicitários. Se pudessem fazer ouro com essa facilidade, fariam para eles mesmos, e não para os anunciantes. A criatividade morreu".

Os autores foram rudes ao afirmar que a criatividade morreu. O que morreu, na realidade, foi a realização de campanhas sem fundamentos, análises nem integração. Os anunciantes estão cada vez mais exigentes, cobrando resultados das agências, e para consegui-los é preciso transpirar 100% e trabalhar outros 100%. Essa é a razão de o planejamento da comunicação mercadológica e, por consequência, sua gestão estarem ganhando cada vez mais relevância no contexto das organizações. Talvez a criatividade tenha morrido mesmo, mas sua alma ainda vive em sua essência: o planejamento.

O que é planejamento?

De acordo com Ackoff,[2] planejamento é um processo que se destina a produzir um ou mais estados futuros desejados, que não deverão ocorrer, a menos que alguma coisa seja feita. O planejamento preocupa-se tanto em evitar ações incorretas quanto em reduzir a frequência dos fracassos ao explorar oportunidades. "É algo que fazemos antes de agir; isto é, antes da tomada de decisão. É um processo de decidir o que fazer, e como fazê-lo, antes que se requeira uma ação."[3]

A gestão estratégica da comunicação mercadológica tem como base o planejamento, que reside na gestão da comunicação integrada, que, por sua vez, está contida na gestão estratégica da organização. Portanto, todas as diretrizes devem estar alinhadas entre si.

O planejamento da comunicação mercadológica deve ser desenvolvido pela empresa anunciante. Esse procedimento nem sempre é possível, considerando-se que muitas empresas não possuem profissionais da área de comunicação, delegando essa tarefa a gerentes de vendas ou de produtos, que, embora competentes, não são especializados no assunto. Nesses casos, recorre-se a uma agência de comunicação, para que esta auxilie a empresa anunciante a desenvolver o planejamento ou simplesmente realizar campanhas ou ações ligadas à comunicação.

Planejamento da comunicação mercadológica:
- missão e visão;
- análise ambiental – SWOTCOM
- diagnóstico de comunicação;
- definição de públicos;
- objetivos;
- tema;
- posicionamento;
- estratégias;
- orçamento;
- plano de ação e de avaliação.

Por seu caráter intrínseco, a comunicação mercadológica deve se apropriar de várias bases do planejamento da gestão estratégica, objetivando unicidade e coerência do planejamento, além da obtenção de resultados. Assim, fazem parte do planejamento da comunicação mercadológica: missão e visão da empresa, análise ambiental – SWOTCOM, diagnóstico de comunicação, definição de públicos, objetivos, tema, posicionamento, estratégias, orçamento, plano de ação e avaliação. Neste capítulo serão abordados: a missão e a visão, a análise ambiental – SWOTCOM e o diagnóstico de comunicação. Os demais itens serão apresentados nos capítulos subsequentes.

O planejamento nas organizações não difere muito do de uma agência. No entanto, é a empresa que deve dar as diretrizes para as agências, e, quando não dispuser de todas as informações, a agência poderá ajudá-la.

Mesmo que o planejamento seja desenvolvido pela agência, itens como missão e valores devem estar presentes, pois servirão de orientação ao processo criativo e ao comportamento cultural e ético.

Missão e visão

A missão e a visão da organização são declarações complementares. Assim, missão é a razão pela qual ela existe, contendo, em geral, informações sobre seu negócio e a forma como pretende agir com os clientes, os colaboradores e a comunidade. Já na elaboração de uma visão, a empresa

Missão
É a razão pela qual a organização existe.

Visão
Retrata o sonho da empresa, onde esta quer chegar.

retrata seu sonho, ou seja, onde quer chegar. Fazendo uma comparação bem simplista, pode-se afirmar que a missão retrata o que a empresa é, e a visão, o que ela quer ser no futuro. Segundo Kotler,[4] "as missões são melhores quando orientadas por uma visão, um 'sonho quase impossível'". A missão deve dar a visão da empresa a longo prazo – dez anos –, mas pode ser redefinida caso tenha perdido credibilidade ou não represente o melhor caminho para a organização. Veja no Box 2.1, a seguir, a missão e a visão da PepsiCo.

Box 2.1 A MISSÃO E A VISÃO DA PEPSICO

Nossa Missão – A missão da PepsiCo é ser a principal empresa de produtos de consumo do mundo na área de alimentos e bebidas de conveniência. Almejamos gerar uma boa recompensa financeira para os investidores e oferecer oportunidades de crescimento e enriquecimento aos nossos funcionários, aos nossos parceiros de negócios e às comunidades em que operamos. Em tudo o que fazemos, nos empenhamos para agir com honestidade, justiça e integridade.

Nossa Visão – A responsabilidade da PepsiCo é melhorar continuamente os aspectos ambientais, sociais e econômicos das comunidades onde operamos, criando um amanhã melhor que hoje.

Fonte: http://www.pepsico.com.br/nossa-missao-e-visao/, acessado em janeiro de 2013.

Análise ambiental – SWOTCOM

No mercado de trabalho, a análise do ambiente ocorre de forma "automática", ou seja, pelo envolvimento e percepção dos executivos acerca das ocorrências globais que afetam suas organizações, porém, sem o devido foco comunicacional. No mundo acadêmico, é preciso realizar um levantamento descritivo das forças comunicacionais que afetam a organização, sendo elas positivas ou negativas.

O resultado dessa análise tem por objetivo identificar as forças, as fraquezas, as oportunidades e as ameaças a que estão expostas as organizações. A maioria dos autores que aborda o assunto tende a afirmar que a análise do microambiente, especificamente aquele interno, resulta nas forças e fraquezas da organização, enquanto o macroambiente foca as oportunidades e ameaças. Contrariando esse raciocínio, Yanaze afirma que, se assim fosse, "bastaria à empresa fortalecer-se internamente para, então, dirigir-se ao mercado e conquistá-lo no momento adequado".[5] Concordamos com o autor que forças, fraquezas, oportunidades e ameaças são resultados de uma análise combinada em que as condições internas devem ser sobrepostas e confrontadas com as do ambiente de negócio da organização.

A análise sugerida será aqui denominada SWOTCOM, ou seja, uma análise SWOT focada em comunicação, com a finalidade de detectar os pontos fortes e fracos, assim como as ameaças e oportunidades, dividida em duas etapas: a primeira, denominada análise SWOTCOM qualitativa, que consiste na avaliação qualitativa das forças que influenciam, de modo positivo ou negativo, as decisões comunicacionais da organização; a segunda, análise SWOTCOM quantitativa, que consiste na atribuição de pesos e notas aos elementos que envolvem a comunicação. (*outputs*, *inputs* e *throughputs* da organização).

Essas análises auxiliarão os executivos na identificação de eventuais problemas da organização e do mercado, assim como de oportunidades, para, com base neles, definir os objetivos e estratégias adequadas.

Análise SWOTCOM Qualitativa

A maioria dos autores que abordam o assunto sugere que a análise do ambiente seja estruturada em duas partes: macro e microambiente.

A análise do macroambiente preocupa-se com as variáveis incontroláveis que influenciam todos os *players* do mercado, tais como: os ambientes sociocultural, político e legal, econômico, tecnológico e competitivo que regem o mercado. Uma mudança em qualquer uma dessas variáveis pode causar mudanças nas outras, o que significa dizer que estão inter-relacionadas.[6] É por meio desta análise que emergem as oportunidades e ameaças do mercado.

O ambiente sociocultural é constituído por pessoas de uma determinada sociedade, suas culturas, seus valores, suas crenças e seus comportamentos. O estudo desse perfil é denominado demografia e inclui a apreciação dos índices de natalidade e mortalidade, distribuição das faixas etárias e sua composição étnica, estado civil, graus de instrução, profissão, crenças e valores, hábitos de compra, padrões familiares e características das diferentes regiões, assim como as movimentações entre elas.

O ambiente político-legal é composto por leis, regras e regulamentações oriundas de várias instâncias do governo e de grupos de interesses que limitam e influenciam as organizações. As leis e regulamentações têm por finalidade proteger as organizações e os consumidores das práticas desleais de empresas inescrupulosas e os interesses da sociedade, procurando assim estabelecer regras que visem determinar os padrões de comportamento da concorrência, de produtos e serviços, as responsabilidades pela composição dos produtos, a segurança e as práticas de comércio e de crédito.

Cada vez mais os grupos de interesse têm afetado o comportamento das organizações de forma bastante ostensiva. Os movimentos populares em defesa da mulher, do idoso, da comunidade gay, entre outros, são exemplos desses grupos que exercem forte pressão nas organizações, influenciando e alterando, por vezes, as estratégias adotadas, sejam elas da gestão estratégica ou da gestão da comunicação.

O ambiente econômico tem impacto significativo nas organizações por tratar de questões como aumento ou diminuição do produto interno bruto (PIB), das elevações e quedas das taxas de juros, da inflação e da flutuação da moeda, o que envolve renda e padrões de gastos do consumidor. Embora o ambiente econômico tenha grande influência nas decisões do consumidor, ele não é único. A tecnologia também influencia fortemente o estilo de vida, os padrões de consumo e o bem-estar de uma população.

Segundo Kotler,[7] a "taxa de crescimento da economia é afetada pelo número de novas tecnologias importantes que são desenvolvidas", criando consequências a longo prazo nem sempre previsíveis. Para exemplificar, Kotler recorre à pílula anticoncepcional, cujo uso diminuiu o tamanho das famílias; um número maior de mulheres casadas ingressou no mercado de trabalho e as rendas discricionárias aumentaram, tendo como resultado mais gastos com bens duráveis, produtos supérfluos e lazer.

Dependendo da complexidade, novas tecnologias podem ser copiadas pelos concorrentes em pouco tempo, exigindo dos executivos das organizações um acompanhamento da evolução do mercado que, em regra, lhes pode ser uma ameaça.

Box 2.2 ALGUMAS LEIS QUE LIMITAM A COMUNICAÇÃO

A propaganda comercial de bebidas potáveis com teor alcoólico superior a 13° Gay Lussac[8] somente será permitida nas emissoras de rádio e televisão entre as 21 horas e as 6 horas. Não poderá associar o produto ao esporte olímpico ou de competição, ao desempenho saudável de qualquer atividade, à condução de veículos e a imagens ou ideias de maior êxito ou sexualidade das pessoas.

A Anvisa proíbe a divulgação nas listas de preços[9] (tabloides, folhetos, cartazes, encartes), nos meios de comunicação e nas farmácias e drogarias, de qualquer conteúdo que caracterize propaganda comercial de medicamentos vendidos sob prescrição. As listas não poderão conter designações, símbolos, figuras, desenhos, logomarcas, *slogans*, nomes dos fabricantes e outros argumentos de cunho publicitário desses produtos.

Os rótulos dos alimentos enriquecidos, dos alimentos dietéticos e de alimentos irradiados deverão trazer a respectiva indicação em caracteres facilmente legíveis. A declaração de alimento dietético deverá ser acompanhada da indicação do tipo de regime a que se destina o produto, expresso em linguagem de fácil entendimento.

Fonte: http://www.anvisa.gov.br/legis/index.htm, acessado em janeiro de 2013.

A análise do microambiente envolve estudos sobre os fornecedores, intermediários e mercado. Os fornecedores desempenham papel importante na criação de produtos e no fornecimento de matéria-prima e, dependendo da situação, podem influenciar positiva ou negativamente as estratégias empresariais. O mesmo acontece com os intermediários, que exercem uma função altamente importante na disponibilização do produto ao consumidor final. Por esses motivos, a escolha, tanto dos fornecedores como dos intermediários, torna-se estratégica, fazendo parte dos processos decisórios da organização.

A análise do mercado envolve um estudo sobre as pessoas ou organizações com necessidades, seu poder e comportamento de compra. Entenda-se como necessidade, não só exigências físicas ou de sobrevivência, mas como a falta de qualquer coisa requerida, tanto para as pessoas físicas como para as jurídicas.

Explica-nos Etzel et al.[10] que um mercado pode ser definido como o lugar no qual os compradores e vendedores se encontram, onde os produtos e serviços são oferecidos e as transferências de posse ocorrem. Os produtos e serviços são oferecidos por inúmeros fornecedores, e, portanto, uma análise dos concorrentes também se faz necessária.

A análise dos concorrentes compõe o chamado ambiente competitivo, considerado por Etzel et al.[11] como o fator de maior influência nas organizações e, por consequência, no planejamento de marketing. Ainda segundo esse autor, uma empresa enfrenta três tipos de concorrência. A primeira é a de marcas, cujas empresas trabalham com produtos diretamente similares. As empresas que produzem produtos substitutivos que satisfaçam as mesmas necessidades formam o segundo tipo de concorrência. Por último, o autor considera que todas as empresas que disputam o poder aquisitivo dos consumidores também são concorrentes.

Uma vez identificados os concorrentes, os executivos de marketing devem descobrir seus objetivos, estratégias, forças e fraquezas, para, então, monitorar três variáveis de cada concorrente: participação de mercado, *share of mind* e *share of heart*, ou seja, participação de preferência do consumidor. Assim, empresas que conquistam ganhos constantes em *share of mind* e *share of heart*, inevitavelmente alcançam ganhos em *share of market* e em lucratividade.[12]

Todo estudo sobre o ambiente competitivo tem um único objetivo: capacitar a organização a obter um desempenho melhor que o dos concorrentes na oferta de algo que o mercado valorize, ou seja, desenvolver vantagens competitivas.

Há ainda a análise do ambiente interno à organização, composta por recursos financeiros, humanos, instalações, pesquisa e desenvolvimento, agilidade, facilidade de produção, imagem corporativa, localização, dentre outros, que, com o macroambiente, formam o que Etzel et al.[13] chama de ambiente operacional completo.

Com base nos conceitos expostos, sugerimos, como ponto de partida, uma série de questões a serem respondidas quando da elaboração da análise SWOTCOM qualitativa, independente de sua classificação macro ou microambiental; as respostas a essas perguntas devem sempre considerar os pontos fortes e fracos, assim como as eventuais ameaças e oportunidades comunicacionais do mercado e da organização.

1. Quais são as leis federal, estadual e municipal que eventualmente podem afetar a comunicação organizacional?
2. Há alguma entidade, governamental ou não (Procon, ONGs, Conar, entidades de classe, por exemplo), que pode vir a exercer alguma pressão à organização, afetando as decisões da comunicação organizacional?
3. Quais inovações tecnológicas são adotadas pela organização e pelos concorrentes na elaboração de suas estratégias comunicacionais?
4. Qual o grau de envolvimento e o nível de apoio dos acionistas às decisões comunicacionais?
5. Como são qualificados o clima e o ambiente organizacional?
6. Qual o nível de produtividade e o grau de satisfação dos colaboradores da organização?
7. Como ocorre a comunicação interna e administrativa da organização?
8. Que programas sociais voltados à comunidade são desenvolvidos pela organização? E por seus concorrentes?
9. Que programas sociais voltados aos colaboradores são desenvolvidos pela organização?
10. Quais são os incentivos proporcionados pela organização aos colaboradores?
11. Como é qualificado o relacionamento com os *stakeholders* da organização?
12. Qual o perfil, hábitos e atitudes dos *stakeholders*?
13. Quais são os pontos de contato com o consumidor adotados pela organização?

14. Qual o grau de influência da economia nacional ou internacional sobre os *stakeholders*?
15. Como ocorre a comunicação mercadológica da organização?
16. Qual o posicionamento da comunicação organizacional?
17. Como se comportam os concorrentes em relação à comunicação organizacional?
18. Como a marca organizacional é percebida pelo consumidor?
19. Como os consumidores percebem a marca dos concorrentes?

As respostas a essas perguntas possibilitarão ao gestor da comunicação iniciar um processo de identificação dos pontos fortes e fracos, bem como das oportunidades e ameaças.

Análise SWOTCOM Quantitativa

Para melhor compreensão do leitor, resgatamos aqui o "Fluxograma estratégico da comunicação organizacional".

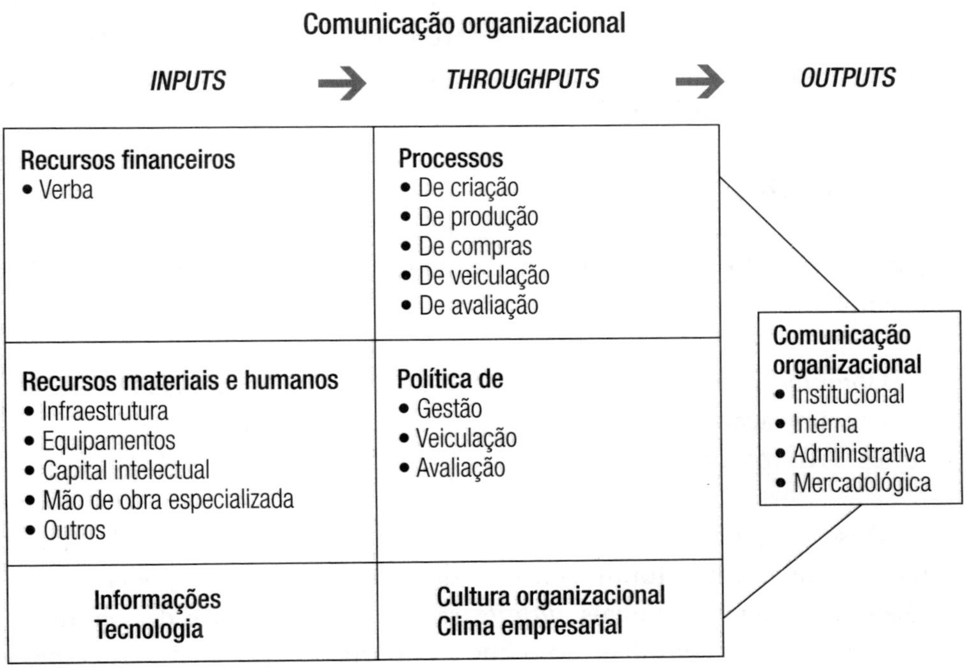

Figura 2.1 Fluxograma estratégico da comunicação organizacional.

O termo *input* pode ser entendido como um conjunto de recursos financeiros, materiais e humanos, além da informação e tecnologia.

Tomemos como exemplo a criação de um evento. Para sua realização, necessitamos de verba – recurso financeiro, bem como de recursos materiais, ou toda matéria-prima que torne possível a realização do evento, seja o local, estande, identificação visual, decoração –, assim como de recursos humanos para iniciar tal processo. A informação e a tecnologia farão do evento uma vantagem competitiva. Todos esses elementos, que chamamos de *inputs,* passarão pelos processos de criação do *layout* para o estande e sua produção, processo de compras de espaço e decoração, de veiculação interna e externa à organização, e de avaliação de sua adequação.

Todos esses elementos devem interagir de forma que proporcionem um relacionamento favorável com os *stakeholders* com os quais a organização se relaciona, imprimindo sua cultura e seu clima organizacional. São os chamados *throughputs*, cujo resultado final será a comunicação organizacional, ou os *outputs*.

Sob esta ótica, todo e qualquer problema que ocorrer nos *inputs* e *throughputs* influenciará um ou mais elementos dos *outputs*, o que nos leva a afirmar que, por serem resultantes dos procedimentos organizacionais, todos os colaboradores da empresa terão a atribuição de produzir *outputs* adequados – comunicação institucional, interna, administrativa e mercadológica – para a eficiência e eficácia da comunicação.

1ª etapa – *Outputs*

Esta etapa compreende descrever os *outputs* e lhes dar um peso – de zero a um – segundo a importância que cada um tem para a organização. Por exemplo:

Comunicação institucional.	0,52
Comunicação mercadológica	0,48
TOTAL (*outputs*)	1,0

Observe que os *outputs* da comunicação administrativa e da comunicação interna não foram considerados no exemplo, mas poderiam ser. Quem determina com quais *outputs* irá trabalhar é o gestor de comunicação, levando em consideração o que é importante para a empresa e para seus concorrentes.

A seguir, estabeleça uma tabela que retratará os itens e subitens que compõem os *outputs* da comunicação. Foram considerados em nosso exemplo a comunicação institucional (relações públicas e comunicação interna) e a comunicação mercadológica. Os subitens da comunicação institucional – relações públicas – são: identidade e imagem, propaganda institucional, patrocínio, relações com o governo, relações com a imprensa, ações com a comunidade (programas sociais e redes sociais), posicionamento e valor da marca; e os da comunicação interna foram aqui desmembrados em programas de incentivo, padrões culturais, desenvolvimento de pessoas, campanhas internas, redes formal e informal.

Observe, também, que a comunicação interna foi incluída, não como *output*, mas como um subitem. Isto se justifica, pois cada organização possui características próprias e, neste caso, a comunicação interna é gerida pela institucional. Em outra empresa poderia ser diferente.

Lembramos que esses itens e subitens devem ser definidos pelo gestor de comunicação, em função de suas necessidades e das ações realizadas pelos seus concorrentes. O que projetamos na Tabela 2.1 é apenas um exemplo, no qual é possível a retirada de alguns subitens, assim como a colocação de outros.

Devemos considerar, também, os mesmos *outputs* em relação aos concorrentes em uma situação ideal.

Tabela 2.1

OUTPUTS		Empresa		Conc.		Conc.		Situação ideal
			X		A		B	
I. Comunicação institucional (peso = 0,52)	Peso	Nota	Nota ponderada	Nota	Nota ponderada	Nota	Nota ponderada	
Relações públicas								
a) Identidade e imagem	0,208	8	1,66	9	1,87	6	1,25	2,08
b) Propaganda institucional	0,167	5	0,84	8	1,34	8	1,34	1,67
c) Patrocínio	0,125	10	1,25	8	1,00	7	0,88	1,25
d) Relações com o governo								
e) Relações com a imprensa	0,125	6	0,75	6	0,75	6	0,75	1,25
f) Ações com a comunidade								
Programas sociais								
Redes sociais								

Continua →

OUTPUTS		Empresa X		Conc. A		Conc. B		Situação ideal
	Peso	Nota	Nota ponderada	Nota	Nota ponderada	Nota	Nota ponderada	
g) Posicionamento	0,167	8	1,34	10	1,67	5	0,84	1,67
h) Valor da marca	0,208	9	1,87	9	1,87	6	1,25	2,08
Comunicação interna								
a) Programas de incentivo								
b) Padrões culturais								
c) Desenvolvimento de pessoas								
d) Campanhas internas								
e) Rede formal e informal								
Subtotal	**1,0**		**7,71**		**8,50**		**6,31**	**10,0**
II. Comunicação mercadológica (peso = 0,48)								
a) Propaganda	0,222	7	1,55	8	1,78	5	1,11	2,22
b) Promoção	0,178	10	1,78	5	0,89	7	1,25	1,78
c) Merchandising								
* Editorial								
* PDV	0,156	5	0,78	8	1,25	8	1,25	1,56
d) Marketing direto								0
f) Eventos	0,133	10	1,33	6	0,80	6	0,80	1,33
g) Relacionamento								
* Formadores de opinião								
* Intermediários	0,133	10	1,33	8	1,06	8	1,06	1,33
h) Posicionamento de produtos	0,178	10	1,78	8	1,42	5	0,89	1,78
i) Redes sociais								
* *Own media*								
* *Earned media*								
* *Bought media*								
Subtotal	**1,0**		**8,55**		**7,20**		**6,36**	**10,0**

2ª etapa – *Outputs*

Na análise dos subitens dos *outputs*, um peso deve ser atribuído aos elementos. A Tabela 2.1 mostra que o gestor de comunicação atribuiu ao subitem "identidade e imagem" da organização o peso 0,208 (em uma escala de zero a 1,0), pois considera este um elemento importante para a empresa, cuja nota foi 8. A nota ponderada consiste em multiplicar o peso pela respectiva nota ($0{,}208 \times 8 = 1{,}66$). O mesmo procedimento deve ser realizado para os concorrentes A e B, ou tantos outros quantos necessários.

Toda análise tem uma situação ideal, ou seja, nota 10,0, que compreende a multiplicação do peso atribuído ao subitem pela nota ideal 10,0. Em nosso exemplo, na situação ideal: $0{,}208 \times 10{,}0 = 2{,}08$.

O mesmo procedimento deve ser realizado com todos os subitens e, ao final de cada um, dado um subtotal.

Sabemos da dificuldade para o preenchimento de todos os itens e subitens apresentados em nosso exemplo. Observe o subitem comunicação Interna. Nenhum item foi preenchido; por esse motivo, podemos concluir que a empresa não se preocupa com a comunicação interna, ou não é prioridade no momento, o que consideramos extremamente grave.

Para uma análise ideal seria adequado fazer um levantamento de dados secundários e, se necessário, também primários, para preenchimento de todas as colunas. Caso não seja possível, sugerimos a criação de um colegiado composto pelo gestor de cada área da organização. Diferentes gestores darão seus pesos e suas notas, e uma nota final ponderada pode servir de referência para que o gestor de comunicação defina a nota final da empresa e de seus concorrentes, levando em consideração as prioridades da organização.

Muitos devem estar se perguntando: *por que os pesos estão com valores tão fracionados?* Esse é o resultado de um levantamento secundário, de várias fontes, cuja média fracionou os valores, mas nada impede que sejam valores absolutos e arredondados.

3ª etapa – *Outputs*

É hora de consolidar os dados. Estruture uma tabela com as mesmas informações e resgate os pesos dados aos itens comunicação institucional e comunicação mercadológica. Resgate também as notas (da empresa X e de seus concorrentes A e B) dos subtotais dos itens dos *outputs* (Tabela 2.2).

Tabela 2.2

Consolidação *OUTPUTS*		Empresa X		Conc. A		Conc. B		Situação ideal
	Peso	Nota	Nota ponderada	Nota	Nota ponderada	Nota	Nota ponderada	
Comunicação institucional	0,52	7,71	4,01	8,5	4,42	6,31	3,28	5,2
Comunicação mercadológica	0,48	8,55	4,10	7,2	3,46	6,36	3,05	4,8
Total – *Outputs*	**1,0**		**8,11**		**7,88**		**6,33**	**10,0**

A consolidação dos itens revela-nos que a empresa X está em vantagem quando comparada aos concorrentes A e B. Nota-se, entretanto, que as três empresas analisadas estão abaixo da situação ideal. Embora a empresa X esteja, aparentemente, em uma situação mais confortável diante da concorrência, é preciso analisar os subitens de cada *outputs*, que indicará os pontos fortes e fracos, auxiliando, assim, na priorização das estratégias que deverão ser adotadas para tornar a organização mais competitiva.

4ª etapa – *Outputs*

Esta etapa compreende reunir os pontos críticos dos *outputs* (veja Tabela 2.1):

1. Identidade e imagem da organização, com nota ponderada 1,66, para um ideal de 2,08, considerada pela organização como um dos assuntos prioritários, em função dos pesos atribuídos.
2. Propaganda institucional, com nota ponderada 0,84, está muito abaixo da concorrência, e também do ideal.
3. Relações com a imprensa, com nota ponderada 0,75, igual à concorrência, mas muito abaixo do ideal.
4. Merchandising – PDV (ponto de venda) –, com nota ponderada 0,78, está muito abaixo dos concorrentes e, também, do ideal.

Podemos ainda considerar o posicionamento da organização e o valor da marca, não como pontos críticos, mas de atenção.

Considerando-se que nem todas as recomendações resultantes da análise dos *outputs* são possíveis de realização, recomendamos estender a análise também aos *inputs*. As etapas se repetirão. Os *inputs* referem-se aos recursos financeiros, materiais e humanos, informações e tecnologia.

Pode parecer estranho abordarmos esses itens na comunicação, mas, quantos de vocês já ouviram: "Qual é nossa verba? Só isso? Não dará para nada." Ou, então: "Quando vão contratar mais pessoas? Cadê o computador que prometeram?"

São motivos como esses que nos levam a analisar os *inputs* (Tabela 2.3) O procedimento é o mesmo, atribuindo-se, primeiramente, pesos aos *inputs* (em uma escala de zero a 1,0):

1ª etapa – *Inputs*

Recursos financeiros 0,156
Recursos humanos 0,186
Recursos materiais 0,000
Informação e tecnologia 0,663
TOTAL (*inputs*) 1,0

2ª etapa – *Inputs*

Em seguida, devemos atribuir pesos e notas a cada subitem dos *inputs*. Veja na Tabela 2.3: a verba para comunicação institucional recebeu peso 0,17, e nota 6. A nota ponderada (0,17 × 6) obtida foi 1,02. O mesmo procedimento se repete para todos os *inputs* e seus subitens, assim como para os concorrentes A e B.

Tabela 2.3

		Empresa X		Conc. A		Conc. B		
INPUTS	**Peso**	**Nota**	**Nota ponderada**	**Nota**	**Nota ponderada**	**Nota**	**Nota ponderada**	**Situação ideal**
I. Recursos financeiros (peso = 0,156)								
Verba para								
a) Com. institucional	0,17	6	1,02	5	0,85	6	1,02	1,70
b) Com. interna	0,17	10	1,70	10	1,70	10	1,70	1,70
c) Com. administrativa								
d) Com. mercadológica	0,33	8	2,64	8	2,64	8	2,64	3,30
e) Fee								
* de agência								
* de parceiros								
f) Capacitação dos RH								
g) Outros (pesquise)	0,33	10	3,30	7	2,31	7	2,31	3,30
Subtotal recursos financeiros	**1,0**		**8,66**		**7,50**		**7,67**	**10,0**

Continua →

		Empresa X		Conc. A		Conc. B		
INPUTS	Peso	Nota	Nota ponderada	Nota	Nota ponderada	Nota	Nota ponderada	Situação ideal
II. Recursos humanos (peso = 0,186)								
Administrativos								
a) Qualidade dos RH	0,24	4	0,96	5	1,20	5	1,20	2,40
b) Capacitação	0,24	6	1,44	6	1,44	6	1,44	2,40
Operacionais								
a) Qualidade dos RH	0,24	4	0,96	5	1,20	5	1,20	2,40
b) Capacitação	0,28	6	1,68	8	2,24	6	1,68	2,80
Subtotal recursos humanos	**1,0**		**5,04**		**6,08**		**5,52**	**10,0**
III. Recursos materiais (peso = 0,0)								
a) softwares								
b) equipamentos de informática								
c) *mailling list*								
Subtotal recursos materiais	**0**		**0**		**0**		**0**	**0**
IV. Informações/tecnologia (peso = 0,663)								
Sobre Comunicação								
a) concorrência	0,08	10	0,80	7	0,56	6	0,48	0,80
* execução criativa								
* execução tática								
b) veículos								
* custos	0,08	10	0,80	10	0,80	10	0,80	0,80
* audiência	0,26	10	2,60	6	1,56	5	1,30	2,60
Sobre o consumidor								
a) comportamento em relação à mídia	0,10	10	1,00	7	0,70	6	0,60	1,00
b) perfil da marca	0,08	10	0,80	10	0,80	10	0,80	0,80
c) jornada	0,14	10	1,40	9	1,26	9	1,26	1,40

Continua →

INPUTS	Peso	Empresa X Nota	 Nota ponderada	Conc. A Nota	 Nota ponderada	Conc. B Nota	 Nota ponderada	Situação ideal
d) outros (pesquisa)	0,08	10	0,80	10	0,80	10	0,80	0,80
(tendências)	0,18	10	1,80	5	0,90	5	0,90	1,80
Subtotal Informação/ tecnologia	**1,0**		**10,0**		**7,38**		**6,94**	**10,0**

O primeiro ponto preocupante que aparece nos *inputs* refere-se à verba de comunicação institucional. Ela não é a pior se comparada com a concorrência, mas está bem abaixo da situação ideal. Esta situação nos revela que todas as empresas, X, A e B, não estão preocupadas com a comunicação institucional e que, se a empresa X der mais atenção a esse *input*, poderá ter um diferencial positivo. Por enquanto, apenas os registre. Usaremos essa informação mais tarde.

Observe as notas ponderadas dos recursos humanos da empresa X. A qualidade e a capacitação das pessoas que trabalham no setor administrativo (0,96 e 1,44), assim como daquelas que trabalham no setor operacional (0,96 e 1,68) estão muito baixas, não só em relação à concorrência, como também à situação ideal. São quatro pontos que deveremos considerar como preocupantes para a empresa X. Registre-os, como fizemos com os *outputs*, pois resgataremos esses problemas mais tarde.

3ª etapa – *Inputs*

Na consolidação dos *inputs*, encontramos a seguinte situação: embora a empresa X apresente um resultado melhor que seus concorrentes, um deve ser explorado, os recursos humanos.

Tabela 2.4

Consolidação INPUTS	Peso	Empresa X Nota	 Nota ponderada	Conc. A Nota	 Nota ponderada	Conc. B Nota	 Nota ponderada	Situação ideal
Recursos financeiros	0,156	8,66	1,35	7,50	1,17	7,67	1,20	1,56
Recursos humanos	0,186	5,04	0,94	6,08	1,13	5,52	1,03	1,86
Recursos materiais	0,000	0,00	0,00	0,00	0,00	0,00	0,00	0,00
Informações/tecnologia	0,663	10,00	6,63	7,38	4,89	6,94	4,60	6,63
Total	**1,0**		**8,92**		**7,19**		**6,83**	**10,0**

4ª etapa – *Inputs*

Esta etapa compreende reunir os pontos críticos dos *inputs:*

1. Verba de comunicação institucional com nota ponderada 1,02, para um ideal de 1,70.
2. Qualidade dos recursos humanos *administrativos* com 0,96 de nota ponderada, abaixo dos concorrentes, e contra 2,40 de uma situação ideal;
3. Capacitação dos recursos humanos *administrativos* com 1,44 de nota ponderada, contra 2,40 de uma situação ideal.
4. Qualidade dos recursos humanos *operacionais,* com 0,96 de nota ponderada, abaixo dos concorrentes, e contra 2,40 de uma situação ideal.
5. Capacitação dos recursos humanos *operacionais* com 1,68 de nota ponderada, contra 2,80 de uma situação ideal.

Finda a análise dos *inputs*, analisaremos os *throughputs*, que compreendem a realização de algo para obtenção dos resultados. Para melhor compreensão, vamos explicar cada um deles: processos, sistemas, políticas, cultura empresarial e clima empresarial.

Processos podem ser definidos como um conjunto de atos com os quais se realiza uma operação qualquer; são os procedimentos. Assim, podemos perguntar qual é o processo que uma empresa adota ao realizar uma campanha, ou quais são os procedimentos que uma empresa adota ao realizar um evento?

Sistemas podem ser traduzidos como a forma, o modo ou a maneira como a organização trabalha. Podemos, portanto, analisar o sistema de distribuição de verba questionando: de que modo é distribuída a verba? Como se faz isto? Este sistema é adequado?

Uma empresa, em geral, tem várias regras. Uma delas, por exemplo, é patrocinar somente eventos que têm relação com os produtos que fabrica. Podemos afirmar, então, que essa empresa possui uma **política** de patrocínio, ou seja, uma regra pertinente. Não importa tanto quão vultoso seja o evento, mas a ligação dele com a empresa.

Assim como uma organização tem várias políticas relacionadas a vários setores, tem também uma **cultura empresarial**, ou seja, um conjunto de valores, crenças, tipo de gestão, princípios partilhados pelos seus membros que marcam seus comportamentos e atitudes. Em organizações de origem japonesa, uma decisão nunca é tomada rapidamente. Há sempre um tempo de amadurecimento do assunto, muita discussão, muito consenso, para depois tomá-la. Em outras empresas, as decisões são tomadas por um determinado superior, e ponto final. Não há discussões, não há conversas. Esses são exemplos de cultura empresarial.

Clima empresarial pode ser entendido como sendo as impressões gerais dos empregados, ou mesmo suas percepções sobre a organização. É um indicador do grau de satisfação dos seus colaboradores em relação, por exemplo, às políticas de recursos humanos, processos de comunicação ou valorização profissional e identificação com a empresa. Dependendo desse indicador, pode-se medir o grau de motivação dos colaboradores e seu nível de envolvimento e comprometimento.

1ª etapa – *Throughputs*

Agora, vamos listar os itens considerados importantes pelo gestor de comunicação como aqueles a serem analisados. O mesmo procedimento adotado para os *outputs* e *inputs* deve ser adotado aqui. Primeiro, vamos atribuir pesos em uma escala de zero a um. Que importância o gestor dá aos processos da comunicação da organização? E aos sistemas? E às políticas? E assim por diante. Veja o exemplo a seguir:

Processos 0,842
Sistemas.. 0,000
Políticas.. 0,000
Cultura empresarial.. 0,000
Clima empresarial.. 0,158
TOTAL (*throughputs*) 1,0

Observe que, em nosso exemplo, o gestor de comunicação não considerou importantes para a organização os sistemas, as políticas e a cultura empresarial, ou seja, esses itens não estão impactando diretamente, se confrontados com os concorrentes. Nossa opinião é de que todos os itens devem ser preenchidos. Caso não seja possível fazer uma pesquisa, deve-se criar um colegiado de gestores da organização, solicitando-lhes que deem pesos e notas para os itens e subitens.

2ª etapa – *Throughputs*

Nesta, atribuímos pesos e notas a cada subitem dos *throughputs*, obtendo assim a nota ponderada das empresas X, A e B.

Tabela 2.5

THROUGHPUTS		Empresa		Conc.		Conc.		Situação ideal
			X		A		B	
I. Processos (peso = 0,842)	Peso	Nota	Nota ponderada	Nota	Nota ponderada	Nota	Nota ponderada	
a) De realização de campanhas	0,10	10	1,00	8	0,80	5	0,50	1,00
b) De realização de eventos	0,10	10	1,00	8	0,80	5	0,50	1,00
c) De realização de material promocional	0,17	9	1,53	8	1,36	8	1,36	1,70
d) De compra de espaço de mídia	0,25	10	2,50	9	2,25	8	2,00	2,50
e) De orientação das agências								
f) De correção de erros								
g) De contratação de parceiros	0,05	8	0,40	8	0,40	8	0,40	0,50
h) De criação de marca	0,10	10	1,00	8	0,80	8	0,80	1,00
i) De avaliação								
* Com. institucional	0,04	8	0,32	8	0,32	8	0,32	0,40
* Com. interna	0,04	4	0,16	4	0,16	4	0,16	0,40
* Com. mercadológica	0,04	10	0,40	10	0,40	10	0,40	0,40
j) Outros (imprensa)	0,11	5	0,55	6	0,66	6	0,66	1,10
Subtotal	**1,0**		**8,86**		**7,95**		**7,10**	**10,0**
II. Sistemas (peso = 0)								
Distribuição de verba								
a) Nível de adequação às necessidades								
b) Graus de satisfação e motivação gerados								
Controle financeiro								
a) Sistemas utilizados								
b) Grau de adequação								
Marketing direto								
a) Sistemas utilizados								

Continua →

THROUGHPUTS		Empresa X		Conc. A		Conc. B		Situação ideal
	Peso	Nota	Nota ponderada	Nota	Nota ponderada	Nota	Nota ponderada	
b) Grau de adequação								
c) Grau de informatização								
d) Nível de segurança								
Subtotal	**0,000**		**0**		**0**		**0**	**0**
III. Políticas (peso = 0)								
De divulgação								
a) Adequação aos públicos								
b) Envolvimento e comprometimento gerados								
De comunicação visual								
a) Condições previstas								
b) Unificação								
c) Grau de eficácia								
d) Resultados obtidos								
De responsabilidade social								
a) Eventos realizados								
b) Grau de comprometimento da empresa								
c) Utilização de leis de incentivo								
De patrocínio								
a) Nível de envolvimento								
b) Adequação								
c) Grau de coerência								
Subtotal	**0**		**0**		**0**		**0**	**0**
IV. Cultura empresarial (peso = 0)								
a) Relações de poder								
b) Adequação da linguagem								
Subtotal	**0**		**0**		**0**		**0**	**0**

Continua →

THROUGHPUTS		Empresa		Conc.		Conc.		Situação ideal
			X		A		B	
	Peso	Nota	Nota ponderada	Nota	Nota ponderada	Nota	Nota ponderada	
V. Clima empresarial (peso = 0,148)								
a) Grau de motivação	0,41	8	3,28	6	2,46	4	1,64	4,10
b) Nível de envolvimento e comprometimento.	0,59	7	4,13	6	3,54	4	2,36	5,90
Subtotal	**1,0**		**7,41**		**6,00**		**4,00**	**10,0**

Observe a nota ponderada dos subitens grau de motivação e nível de comprometimento do clima empresarial da organização: 3,28 e 4,13, respectivamente. Embora superiores aos da concorrência, ainda estão aquém do ideal.

3ª etapa – *Throughputs*

Quando consolidamos os *throughputs*, verificamos que o item clima empresarial é bastante crítico se comparado à situação ideal.

Tabela 2.6

Consolidação		Empresa		Conc.		Conc.		Situação ideal
THROUGHPUTS			X		A		B	
	Peso	Nota	Nota ponderada	Nota	Nota ponderada	Nota	Nota ponderada	
Processos	0,842	8,86	7,46	7,95	6,69	7,10	5,98	8,42
Sistemas	0	0	0	0	0	0	0	0
Políticas	0	0	0	0	0	0	0	0
Cultura empresarial	0	0	0	0	0	0	0	0
Clima empresarial	0,158	7,41	1,17	6,00	0,95	4,00	0,63	1,58
TOTAL	**1,0**		**8,63**		**7,64**		**6,61**	**10,0**

Ressaltamos, mais uma vez, que nem todos os itens foram preenchidos, por isso reforçamos a ideia de que o gestor de comunicação deve definir quais são os itens e subitens que retratam os pontos fortes e fracos da organização e quais são do seu interesse.

4ª etapa – *Throughputs*

Esta etapa compreende reunir os pontos críticos dos *throughputs*:

1. Processo de avaliação da comunicação institucional com nota ponderada 0,32 não é tão crítico, porém é igual à concorrência e abaixo do ideal. Consideramos preocupante quando analisamos o peso dado pelo gestor ao item Processos (0,842).
2. Processo de avaliação da comunicação interna com nota 0,16 para um ideal de 0,40.
3. Processo de relacionamento com a imprensa com nota 0,55 abaixo da concorrência e 50% abaixo do ideal.
4. Grau de motivação dos colaboradores, prejudicando o clima empresarial, com nota ponderada 3,28 contra um ideal de 4,10.
5. Nível de envolvimento e comprometimento dos colaboradores com nota 4,13 contra um ideal de 5,90.

O cruzamento das análises dos *outputs, inputs* e *throughputs* com a análise ambiental e com qualquer outra informação obtida no planejamento estratégico da organização auxiliará o gestor da comunicação na identificação de oportunidades e de ameaças, que darão origem aos objetivos comunicacionais. Os pontos fortes e fracos da organização fundamentarão as estratégias.

Se resgatarmos os pontos críticos dos *outpus*, *inputs* e *throughputs*, teremos:

Pontos críticos dos *outputs*

1. Identidade e imagem da organização, com nota ponderada 1,66, para um ideal de 2,08, considerada pela organização como um dos assuntos prioritários, em função dos pesos atribuídos.
2. Propaganda institucional, com nota ponderada 0,84, está muito abaixo da concorrência e também do ideal.
3. Relações com a imprensa, com nota ponderada 0,75, igual à concorrência, mas muito abaixo do ideal.
4. Merchandising – PDV (ponto de venda) –, com nota ponderada 0,78, está muito abaixo dos concorrentes e, também, do ideal.
5. Podemos ainda considerar o Posicionamento da organização e o Valor da marca, não como pontos críticos, mas de atenção.

Pontos críticos dos *inputs*

1. Verba de comunicação institucional com nota ponderada 1,02, para um ideal de 1,70.

2. Qualidade dos recursos humanos *administrativos* com 0,96 de nota ponderada, abaixo dos concorrentes, e contra 2,40 de uma situação ideal.
3. Capacitação dos recursos humanos *administrativos* com 1,44 de nota ponderada, contra 2,40 de uma situação ideal.
4. Qualidade dos recursos humanos *operacionais*, com 0,96 de nota ponderada, abaixo dos concorrentes, e contra 2,40 de uma situação ideal.
5. Capacitação dos recursos humanos *operacionais* com 1,68 de nota ponderada, contra 2,80 de uma situação ideal.

Pontos críticos dos *throughputs*

1. Os processos de avaliação das comunicações institucionais (0,32 nota ponderada), interna (0,16) e os processos com a imprensa (0,55) estão abaixo da situação considerada ideal: 0,40, 0,40 e 1,10, respectivamente.
2. O clima empresarial, envolvendo o grau de motivação (3,28 de nota ponderada contra 4,10 de uma situação ideal) e o nível de envolvimento e comprometimento (4,13 de nota ponderada contra um ideal de 5,90), deve ser levado em consideração como uma situação crítica.

A última etapa do processo do SWOTCOM compreende a comparação dos pontos críticos dos três *puts*, em uma análise causal sistêmica, para, assim, eleger itens ou subitens a fim de detectar as causas prováveis dos pontos críticos (Figura 2.2).

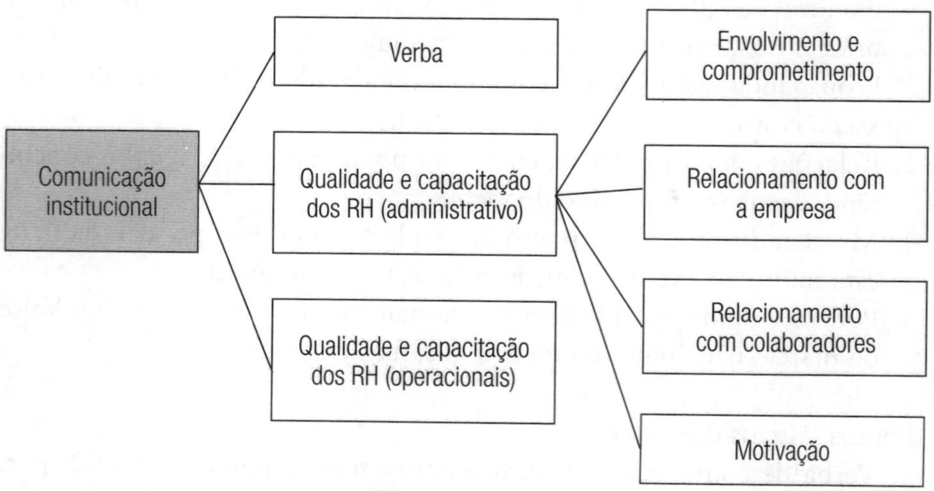

Figura 2.2 Análise causal sistêmica da comunicação – empresa de telecomunicações.

Se analisarmos sistemicamente os *outputs* da **comunicação intitucional** encontraremos os pontos mais críticos: **propaganda institucional** e **relações com a imprensa.** Os pontos críticos dos *inputs* concentram-se em **verba para a comunicação institucional, qualidade e capacitação dos Recursos humanos administrativos e operacionais.** Nos *throughputs*, encontraremos pontos críticos nos **processos de avaliação da comunicação institucional, interna** e com os processos relacionados à **imprensa,** além do **clima empresarial**, que inclui o **grau de motivação**, o **envolvimento** e **compromentimento** dos colaboradores.

Esta análise causal permite-nos afirmar que os problemas prioritários da comunicação da empresa X se encontram no setor de recursos humanos e no grau de motivação dos colaboradores.

Se resgatarmos nossa análise da comunicação interna, nos *outputs*, verificaremos que nenhum item foi preenchido. Por este motivo, concluímos que a empresa não se preocupa com a comunicação interna, ou não é sua prioridade no momento; no entanto, quando analisamos os *inputs*, no item verba para comunicação interna, observamos que a nota dada à empresa X foi a máxima, o que significa que está ótima. Então, por que o gestor não preencheu os *outputs* da comunicação interna? O baixo grau de motivação, de envolvimento e de comprometimento dos colaboradores pode agravar a situação da comunicação interna, institucional e da comunicação organizacional como um todo, podendo ser, também, um dos motivos que minimizam o grau de relacionamento com a imprensa.

Com essas informações, podemos definir vários objetivos e estratégias de comunicação, que serão abordados no próximo capítulo.

Diagnóstico de comunicação

Diagnosticar significa identificar os problemas. Quando um paciente vai a um médico "achando" que está com úlcera, este último só dará o diagnóstico depois de solicitar exames laboratoriais. No caso do planejamento, os exames já foram realizados e as análises feitas. De posse dos exames laboratoriais, o médico vai diagnosticar o paciente, ou seja, lerá os exames e informará ao paciente que ele não possui úlcera, mas uma gastrite, ou seja, o médico identificou o problema.

Em nosso caso, podemos relatar resumidamente todos os problemas encontrados na análise SWOTCOM para que o gestor de comunicação possa priorizá-los.

São eles:

Propaganda institucional
- Identidade e imagem da organização
- Relacionamento com a imprensa
- Posicionamento da organização
- Valor da marca

Comunicação mercadológica
- Merchandising

Comunicação interna
- Programas de motivação e comprometimento

Nesse momento, você já tem elementos preciosos para a elaboração de objetivos e estratégias de comunicação. Faltam ainda dois outros elementos: público-alvo e tema, assuntos do próximo capítulo.

Resumo

A gestão estratégica da comunicação mercadológica tem como base o planejamento, cuja origem reside na comunicação integrada; portanto, um alinhamento de todos os itens que o compõem deve ser observado. Esse planejamento compreende a missão e a visão da empresa, o SWOTCOM, análise ambiental, o diagnóstico de comunicação, os *stakeholders*, os objetivos, o tema, o posicionamento, as estratégias, o plano de ação e de avaliação.

A missão da organização é a razão pela qual ela existe, enquanto a visão retrata o sonho da empresa, onde ela quer chegar.

A análise SWOTCOM foi dividida em qualitativa e quantitativa. A primeira retrata os ambientes político-legal, econômico, sociocultural, tecnológico e competitivo.

O ambiente político-legal é composto por leis, regras e regulamentos que limitam as ações da empresa e influenciam a organização e a sociedade na área da comunicação. Na análise do ambiente econômico, o planejamento da comunicação mercadológica identificará até que ponto vale investir na mudança de comportamento em relação ao uso da renda discricionária do consumidor, que poderá se revelar como oportunidade de mercado.

O ambiente sociocultural é constituído por pessoas de uma sociedade, suas culturas, valores, crenças e comportamentos. O comportamento das pessoas muda em função da evolução tecnológica; por esse motivo, deve-se também analisar o ambiente tecnológico. Todos os ambientes citados devem ser analisados, considerando os *players* do mercado, ou seja, a análise abordará as vantagens competitivas da organização e de seus concorrentes.

A análise SWOTCOM quantitativa analisará a empresa e seus concorrentes com base em *inputs*, *throughputs* e *outputs*, que compõem a comunicação organizacional, por meio de notas e pesos. Nesse momento, todas as informações e análises estão disponíveis. O próximo passo é realizar um diagnóstico de comunicação.

Os demais itens que compõem o planejamento da comunicação estão nos capítulos posteriores.

Questões para revisão e discussão

1. Qual é a relação existente entre o planejamento da comunicação mercadológica e o da comunicação integrada?
2. No que a *missão*, a *visão* e os *princípios* de uma organização podem auxiliar os colaboradores de uma empresa?
3. Qual é a diferença entre as análises político-legal e econômica?
4. Por que o estudo das novas tecnologias de comunicação é importante em um planejamento?
6. Escolha um segmento de mercado, uma empresa e um produto e desenvolva uma análise SWOTCOM qualitativa e quantitativa.
7. Dê seu diagnóstico sobre a comunicação mercadológica da empresa que escolheu analisar.

Referências

[1] RIES, Al; TROUT, Jack. *Posicionamento:* a batalha pela sua mente. 6. ed. São Paulo: Pioneira, 1996. p. 158.

[2] ACKOFF, Russel L. *Planejamento empresarial.* Rio de Janeiro: Livros Técnicos e Científicos, 1982. p. 2.

[3] Idem.

[4] KOTLER, Philip; ARMSTRONG, Gary. *Princípios de marketing.* 7. ed. Rio de Janeiro: Prentice Hall do Brasil, 1998. p. 24.

[5] YANAZE, Mitsuru Higuchi. *Gestão de marketing:* avanços e aplicações. São Paulo: Saraiva, 2007. p. 231.

[6] ETZEL et al. *Marketing*, São Paulo: Makron Books, 2001. p. 31.

[7] KOTLER, Philip; KELLER, Kevin Lane. *Administração de marketing.* 12. ed. São Paulo: Pearson Prentice Hall, 2006. p. 90.

[8] DECRETO n. 2.018, 1º out. 1996. Disponível em: <http://www.presidencia.gov.br/ccivil/decreto/D2018.htm>. Acessado em: 3 mar. 2006.

[9] BRASIL. Ministério da Saúde. Anvisa esclarece que a proibição de propaganda de medicamentos tarjados em farmácias está restrita à divulgação de preços ao consumidor. Brasília, 19 ago. 2004 (14h40). Disponível em: <http://www.anvisa.gov.br/divulga/noticias/2004/190804.htm>. Acessado em: 3 mar. 2006.

[10] ETZEL et al. *Marketing*, São Paulo: Makron Books, 2001. p. 45.

[11] Idem.

[12] KOTLER, Philip; KELLER, Kevin Lane. *Administração de marketing.* 12. ed. São Paulo: Pearson Prentice Hall, 2006. p. 343.

[11] ETZEL et al. *Marketing*, São Paulo: Makron Books, 2001. p. 47.

CAPÍTULO 3

Stakeholders – objetivos – tema

Esquema

Stakeholders
- Definição e classificação
- *Stakeholders* da comunicação mercadológica
  - Força de vendas
  - Intermediários
  - Influenciadores
  - Consumidores finais
  - Estratégias para determinação de consumidores finais
  - Consumidores empresariais

Objetivos
- Entendendo o termo "objetivo"
- Objetivos da comunicação mercadológica
- Tema

Objetivos

Ao término do capítulo, o leitor deverá ser capaz de:

→ Escolher adequadamente os *stakeholders*.

→ Definir os objetivos da comunicação mercadológica associados à comunicação integrada e relacionados aos objetivos de marketing.

→ Definir um tema.

Stakeholders

Definição e classificação

O termo *stakeholder* começou a ser utilizado com mais frequência a partir de 1984, quando R. Edward Freeman publicou seu livro *Strategic management:* a stakeholder approach, e pode ser definido como pessoa física ou jurídica afetada ou interessada, direta ou indiretamente, pelos empreendimentos econômicos. Freeman tinha como objetivo oferecer aos empreendedores das organizações um instrumento que fosse capaz de compreender os interesses e desejos dos que se relacionavam com as empresas, além de lidar e gerenciar suas diferentes percepções e conveniências. Para Freeman,[1] "the stakeholder approach is about groups and individuals who can affect the organization, and is about managerial behavior taken in response to those groups and individuals"[1].

Todas as organizações têm grupos de interesses que afetam direta ou indiretamente as atividades da empresa. A classificação desses grupos – *stakeholders* – varia de autor para autor.

Freeman classificou-os em primários e secundários. *Stakeholders* primários são aqueles que influenciam diretamente os negócios da organização, como acionistas, sócios, colaboradores, fornecedores, clientes e comunidade próxima à empresa. Já os secundários são os que influenciam de maneira indireta a organização, porém não são afetados diretamente por suas atividades nem estão engajados nas suas transações. São considerados *stakeholders* secundários a imprensa e os grupos de pressão (associações de classe, ONGs etc.), pois podem afetar a imagem da organização, mobilizando a opinião pública contra ou a favor da empresa.

Para Hitt,[2] essa classificação depende dos interesses da organização. Assim, é possível classificá-los em *stakeholders* de capital, de produto e mercado, além dos organizacionais. Os de capital incluem os acionistas e os principais provedores de capital, como bancos, agentes financeiros, fundos de investimentos etc. Os de produto e mercado abrangem os clientes, os fornecedores, as comunidades próximas à organização e os sindicatos. Os organizacionais, todos os funcionários da empresa.

[1] O termo *stakeholders* se refere a grupos e indivíduos com os quais a organização se relaciona e que podem ou não afetar seus relacionamentos.

As classificações de Freeman e Hitt podem auxiliar as organizações no que diz respeito à classificação dos *stakeholders*, dependendo, obviamente, de seus interesses. No entanto, é preciso registrar que ambos os autores abordam os diversos *stakeholders* da organização. Para Hitt, os de produto e mercado englobam clientes e fornecedores. Para Freeman, os *stakeholders* primários incluem colaboradores, acionistas, clientes etc. Do ponto de vista da comunicação, esse agrupamento possibilita a definição dos objetivos gerais, mas não de objetivos específicos. É, portanto, importante agrupar os diferentes públicos, respeitando as diferenças de perfil encontradas que, na maioria das vezes, não são convergentes.

Um grupo de *stakeholder* pode influenciar a organização dependendo de sua atuação, o que a tornará mais ou menos vulnerável em seus compromissos e atitudes. O grande desafio está em conciliar os interesses de cada grupo.

Nesse contexto, o gestor de comunicação deve primeiro identificar os *stakeholders*, para, em seguida, priorizá-los. Essa priorização é um assunto bastante controverso e polêmico. A quem vamos atender primeiro? Aos acionistas ou aos clientes? O ideal seria atender a todos os grupos de interesses a um só tempo, mas isto é utopia. É sabido que os executivos das organizações precisam encantar o cliente – que sempre quer o melhor preço –, sem se esquecer de proporcionar o máximo de lucro aos acionistas.

Nesse momento, uma pergunta se faz necessária: os grupos de interesses que defendem o controle da fauna, por exemplo, teriam prioridade sobre os acionistas, os clientes ou os fornecedores? A prioridade dependerá muito das ocorrências do mercado e de como a organização será avaliada. Programas de qualidade que incluem em seus critérios de avaliação programas sociais, dimensões éticas ou ambientais podem ser determinantes para a priorização dos *stakeholders*.

De modo geral, podemos exemplificar alguns *stakeholders* como sendo os acionistas, os fornecedores, os clientes, os intermediários, as associações de classe, os sindicatos, o público em geral, entre outros.

> O gestor da comunicação definirá e priorizará os *stakeholders* de acordo com os interesses da organização.

A comunicação necessita de um foco mais definido quando o assunto é a determinação de *stakeholders*. A classificação apresentada a seguir visa à definição de públicos em função da comunicação mercadológica.

Stakeholders da comunicação mercadológica

O conceito de comunicação mercadológica apresentado no Capítulo 1 abrange diversas formas de comunicação capazes de atingir vários objetivos. Sob esse aspecto, uma organização pode selecionar públicos variados para atingir seu objetivo de modo mais eficaz. Os *stakeholders* da comunicação mercadológica podem ser classificados como: força de vendas, intermediários, influenciadores, consumidores finais e consumidores empresariais.

Força de vendas

Stakeholders da comunicação mercadológica:
- força de vendas;
- intermediários;
- influenciadores;
- consumidores finais;
- consumidores empresariais.

A força de vendas de uma empresa é composta por todos os indivíduos, ligados ou não diretamente à empresa, que realizam a venda dos produtos. Pode-se definir como força de vendas todos os colaboradores que vendem o produto da organização, sejam eles externos ou internos.

Os colaboradores externos – ou simplesmente vendedores – que compõem a força de vendas são pessoas que vendem ou não com exclusividade os produtos de uma empresa. Os que vendem com exclusividade pertencem, em geral, ao quadro de colaboradores de uma organização; no entanto, é possível encontrar no mercado pessoas que vendem produtos de diversas empresas. Exemplo são os corretores de seguro, que trabalham com várias companhias sem necessariamente estar ligados diretamente a elas.

Outro exemplo de colaboradores externos são os representantes – em geral, pessoas jurídicas que representam a organização em localização distante da matriz. Esses representantes podem ser exclusivos ou não, dependendo dos acordos efetuados. Grandes empresas, como a Semp Toshiba, têm sua matriz em São Paulo e representantes espalhados nas principais regiões brasileiras. Os representantes regionais também têm vendedores para atender ao mercado local ou àquele delimitado pela empresa representada.

Força de vendas
É composta pelos indivíduos, ligados ou não diretamente à empresa, que realizam a venda dos produtos. Podem ser colaboradores internos e externos.

Existem também os colaboradores internos,[3] como o pessoal de suporte técnico, assistentes de vendas e pessoal de telemarketing. O pessoal de suporte técnico atende ao cliente e lhe fornece todas as informações solicitadas, sejam técnicas ou apenas o valor de determinado produto.

Muitas empresas já possuem em seu quadro o pessoal de suporte técnico, inclusive em serviços on-line. Os assistentes de vendas oferecem todo o apoio logístico aos vendedores externos, desde a confirmação de um compromisso até o eventual atendimento de um cliente para resolução de dúvidas. O pessoal de telemarketing contata clientes, vende produtos, apresenta as novidades e soluciona eventuais problemas dos clientes.

Todos os clientes esperam que os vendedores conheçam bem o produto que estão vendendo, que lhes ofereçam opções de compra, e para isso a organização precisa investir no treinamento de sua força de vendas. O treinamento, segundo Kotler,[4] tem como objetivo fazer que os vendedores conheçam melhor a empresa, os produtos, as características dos clientes, que saibam fazer apresentações eficazes e entendam os procedimentos de compra e suas responsabilidades. Ainda de acordo com o autor, o tempo médio de treinamento da força de vendas é de 28 semanas em empresas de produtos industriais, 12 semanas nas de serviço e de quatro semanas nas de bens de consumo. Para que o treinamento seja bem-sucedido, é preciso estabelecer uma linha de comunicação (função da comunicação mercadológica) e fornecer uma série de materiais promocionais (catálogos, folhetos, relatórios etc.) para que a força de vendas possa consultá-los quando necessário.

Constituindo um grupo de *stakeholders*, a força de vendas pode ser formada por pessoas distintas, embora com interesses comuns à organização; essa distinção pode ser constatada se a comparação realizada for entre um representante ou um vendedor externo e o pessoal de suporte técnico, assistentes de vendas ou até mesmo o pessoal de telemarketing. Todas essas pessoas têm perfis diferentes, hábitos e atitudes nem sempre semelhantes, níveis de escolaridade distintos etc. A princípio, essa informação pode não parecer relevante, mas deve ser levada em conta na comunicação quando a mensagem for estabelecida. Dependendo do perfil da força de vendas, é aconselhável, nos materiais promocionais, a utilização de linguagens diferentes para transmitir a mesma mensagem ou a utilização de linguagem simples e clara para ser compreendida em todos os níveis.

Intermediários

Entendem-se por intermediário todos os *players* existentes entre a empresa produtora e o consumidor final do produto. Em outras palavras, intermediário é aquele que compra para revender. A maioria dos fabricantes não vende seus produtos direto aos consumidores finais. Alguns fazem uso dos intermediários, como atacadistas e varejistas, enquanto outros delegam seus produtos a corretores, que buscam clientes e facilitam a venda ao produtor ou fabricante.

Intermediários
Todos os *players* entre a empresa produtora e o consumidor final.

O atacadista, também chamado distribuidor, é um intermediário que adquire o produto do fabricante, em grandes quantidades, para revendê-lo (em quantidades menores) a varejistas, a usuários empresariais ou até mesmo ao consumidor final. Já o varejista é um intermediário que vende ao consumidor final. Lojas, padarias, livrarias, supermercados são exemplos de intermediários varejistas. Os corretores são intermediários cuja principal função é aproximar vendedores e compradores. Exemplos mais comuns desse tipo de intermediários são os corretores de seguros, os corretores imobiliários e os corretores de títulos.

Da mesma maneira que a força de vendas, os intermediários dependem de treinamento e motivação; esta é de responsabilidade da comunicação mercadológica, que desenvolverá estratégias para a obtenção de retorno eficaz, tanto financeiro como de relacionamento.

Influenciadores

É preciso deixar claro que todas as pessoas podem ser influenciadores na tomada de decisão de compra de um produto ou serviço; todavia, por questão de classificação, considerar-se-ão influenciadores aquelas pessoas que mencionam favoravelmente uma marca, sem receber vantagens financeiras para fazê-lo – são os chamados formadores de opinião. Alguns exemplos de influenciadores são os professores de medicina, que orientam e influenciam os estudantes na compra do primeiro estetoscópio; os *personal trainers*, que sugerem uma marca de tênis; os dentistas, quando recomendam um higienizador bucal etc. Os jornalistas também são considerados influenciadores, porém, por vezes, são classificados como *stakeholders* de imprensa e alocados na comunicação institucional.

Influenciadores
São os formadores de opinião, que mencionam uma marca sem, no entanto, receber benefícios financeiros por isso.

Uma confusão muito comum ocorre com as personalidades que representam um produto, como, por exemplo, um renomado jogador de futebol da seleção brasileira patrocinado pela Nike, por exemplo. Nesse caso, podemos afirmar que o jogador influencia, sem dúvida alguma, o consumidor final, porém, a empresa já despende esforços financeiros com o patrocínio, e ele é obrigado, por contrato, a mencionar favoravelmente a marca. O influenciador a que me refiro aqui deve falar sobre a marca de maneira espontânea, sem receber nada para isso, apenas porque gosta dela, porque a empresa trabalhou a imagem da marca com esse indivíduo. Outra confusão constatada é em relação aos vendedores de lojas. Sem dúvida eles influenciam o consumidor, mas ganham exatamente para isso, como será visto no Capítulo 5, "Estratégias".

Na maioria das vezes, o influenciador é especialista em alguma área, e, portanto, formador de opinião. Pode contribuir com a organização na indicação de produtos inexistentes no mercado – ou em alterações nos já existentes –, facilitando o uso do produto, por exemplo. Se a empresa traçar estratégias para a conquista do *stakeholder* influenciador, sua chance de sucesso na multiplicação da divulgação de sua marca será otimizada.

Consumidores finais

A definição de público-alvo é uma tarefa bastante árdua para o pessoal de marketing. Muitas empresas, quando definem seu público, procuram dar *status* ao produto, classificando seu público-alvo como consumidores das classes sociais A e B, acima de 25 anos. É uma forma bastante simplista e equivocada de classificação, que deve ser exterminada neste século, época em que os bancos de dados são cada vez mais complexos e objetivam o conhecimento de hábitos e atitudes dos consumidores.

O conhecimento de quem e de quantos consumidores a organização quer atingir é necessário não só para cumprir os objetivos de marketing, mas também para definir que nível de impacto a comunicação deve ter, além de orientar nas diretrizes estratégicas das ações.

A identificação do público-alvo compreende possíveis compradores dos produtos, os usuários atuais, as pessoas ou grupos que têm poder de decisão nas compras, ou, ainda, públicos específicos. Analisar o comportamento do comprador é questão *sine qua non* para a definição do público-alvo.

Dependendo do produto ou serviço a ser divulgado, essa definição pode percorrer vários caminhos. Um deles é considerar o quanto a empresa está envolvida com a tecnologia. Se o grau de envolvimento for alto, o indicado é começar segmentando públicos ligados à tecnologia:

a) **Conectados:** são os que conhecem pessoas e estão cada vez mais em contato com a mídia. São os que atuam em redes sociais, como, por exemplo, o Facebook.
b) **Confiáveis:** que por suas opiniões são solicitados e fornecem orientações mais que outras pessoas. São os que criam twitter e possuem vários seguidores.
c) **Sedentos:** aqueles que têm sede de informações, que sempre sabem das notícias antes mesmo da sua publicação.
d) **Blogueiros:** aqueles que se expõem à mídia indispensável para estar bem informados.
e) **Socialmente ativos:** os que têm grande e ativa influência, que chamamos "politicamente corretos".

Recomenda-se trabalhar a definição do público-alvo pensando em nichos, em redes sociais. Por meio destas, o gestor de comunicação pode identificar comunidades, ou mesmo criá-las.

As redes sociais podem operar em diferentes níveis, como, por exemplo, de relacionamentos (Facebook, Orkut, MySpace, Twitter, blogs), profissionais (LinkedIn), comunitárias (redes sociais em bairros ou cidades), políticas, entre outras. Em regra, essas redes definem um tema para agregar pessoas de interesse comum. Consulte: www.salveoplaneta.org e www.facebook.com/salveoplaneta ou http://surftheblogs.blogspot.com/.

É preciso considerar que a mídia digital não substitui a tradicional. São esforços que devem ser realizados conjuntamente. Nesta última, a definição do público é feita pela segmentação de mercado e de pessoas.

Para Sternthal e Tybout,[5] segmentar significa dividir o mercado de clientes em subgrupos homogêneos ou agrupar pessoas com características semelhantes em relação aos padrões comportamentais, às atitudes, aos hábitos, às características demográficas, psicográficas etc.

A definição do público-alvo com base nas variáveis tradicionais – geográfica, demográfica, psicográfica e comportamental – servirão de suporte aos segmentos escolhidos pela organização, como será visto adiante.

Estratégias para determinação de consumidores finais

São quatro as estratégias para determinação do público de uma organização, definindo-se o alvo com base: (1) nos clientes atuais; (2) nos clientes da concorrência; (3) nos entrantes da categoria; (4) em novas categorias (Figura 3.1).

(1) *Definição do alvo com base nos clientes atuais.* Uma análise dos consumidores atuais de produtos ou serviços existentes fornecerá informações sobre o perfil dos clientes, a maneira como tomam suas decisões na hora da compra e a quantidade de produtos é adquirida. Sabe-se que a manutenção de clientes atuais é muito menos onerosa que a conquista de novos consumidores; portanto, preservar os atuais significa criar estratégias de fidelização. Dependendo do produto, a empresa poderá ter como objetivo de comunicação aumentar a frequência de compra do produto entre os clientes atuais para cumprir seu objetivo de marketing. Caso isso não seja possível, a organização poderá buscar novos clientes com o mesmo perfil dos atuais.

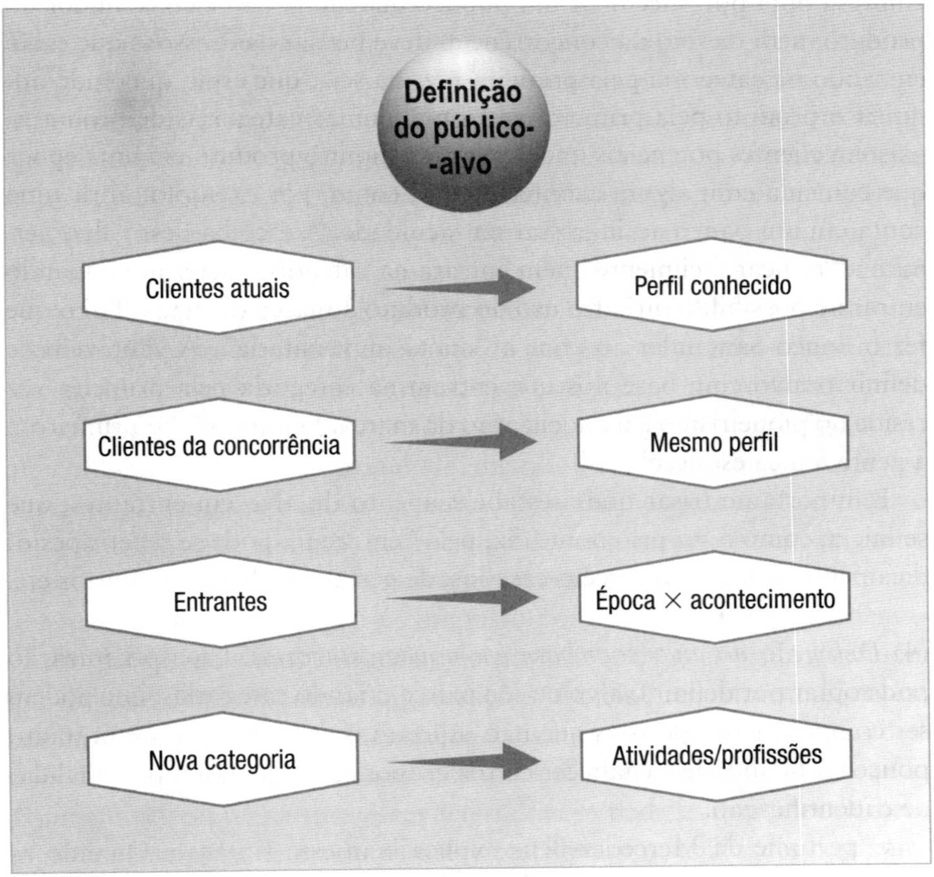

Figura 3.1 Definição do público-alvo, consumidor final.

(2) *Definição do alvo com base nos clientes da concorrência.* A escolha do público-alvo baseada nesses clientes só terá sentido se tiverem o mesmo perfil buscado pela organização. É uma estratégia bastante ousada, principalmente se as concorrentes tiverem poder de fogo financeiro para um contra-ataque. É bastante utilizada pelas operadoras de telefonia móvel ou pelas de TV por assinatura. Elas oferecem aos clientes das concorrentes uma vantagem significativa para que troquem de operadora. Por exemplo, a Vivo oferece três meses de gratuidade para um cliente da Net. O sucesso dessa estratégia depende dos diferenciais do produto, do valor que a organização oferece ao cliente, do investimento em *brandy equity* e da sua capacidade de convencimento na elaboração da mensagem publicitária.

(3) *Definição do alvo com base nos entrantes da categoria.* Quando uma empresa opta por selecionar um público que ainda não é consumidor do produto, nem mesmo da concorrência, deve pensar nas pessoas que estão entrando na categoria pela primeira vez, ou seja, que estão querendo adquirir o produto pela primeira vez. Em algumas categorias de produtos, existem clientes potenciais que devem consumir o produto em uma época que coincida com algum acontecimento, como, por exemplo, abrir uma conta em um banco ao ingressar na faculdade. A escolha desse alvo permite identificar facilmente quem entrará na categoria, determina quando entrará e possibilita dirigir o uso do produto à marca desejada. Foi o que fez o Banco Santander ao criar a "conta universitária". A vantagem de definir o alvo com base nos que entram na categoria pela primeira vez reside no pioneirismo e na fidelização da marca. Lembre-se: "o primeiro... a gente nunca esquece".

É importante frisar que o estabelecimento do alvo em entrantes, que se inicia, como o próprio nome diz, pela "entrada", pode se repetir periodicamente. É o caso de recém-casados, de gestantes, de universitários etc.

(4) *Definição do alvo com base em novas categorias.* Uma organização pode optar por definir o alvo de sua marca criando categorias, que podem ser compostas por pessoas que não utilizam o produto ou o usam muito pouco. A finalidade é enaltecer certos grupos, criando assim personalidade e identificação.

O perfume da Mercedez-Bens explica bem essa situação. Quando as empresas adotam a estratégia de estabelecimento de alvo com base em novas categorias, é preciso tomar cuidado com o planejamento para não confundir o consumidor tradicional.

A organização pode eleger um alvo criando uma nova categoria de produto, como no caso da Mercedez-Bens e seus perfumes. Essa empresa poderá explorar seu público de alto poder aquisitivo criando também, para o perfume, uma personalidade e uma identidade ligada à sua renomada marca.

Estabelecer o alvo com base nos clientes atuais, nos da concorrência, nos entrantes e em novas categorias são estratégias que necessitam de identificação. Assim, vale questionar: quem são os clientes atuais ou que hábitos e atitudes dos consumidores são desejados pela organização quando ela opta pela estratégia de entrantes da categoria. Ou, ainda: que perfil deve ter, por exemplo, os executivos na estratégia de novas categorias? É necessário, portanto, estabelecer alguns fatores como sexo, idade, renda, hábitos e atitudes dos consumidores para entender por que um cliente escolhe determinada marca em detrimento de outra.

Embora a liberação feminina esteja efetivada em muitas áreas, ainda existem produtos predominantemente masculinos e femininos. A maior parte das indústrias automobilísticas não faz distinção entre sexos, mas algumas montadoras direcionam suas campanhas ao público feminino, pois conhecem o poder de influência das mulheres. A escolha é sua: público masculino, feminino, ambos, grupos GLBT etc.

> **Sexo:**
> - masculino;
> - feminino;
> - ambos;
> - grupos GLBT.

Os desejos e necessidades das pessoas mudam de acordo com a idade. Para identificação teórica, o público-alvo deve ter sua faixa etária compreendida no espaço de cinco anos. Assim, será possível incluir pessoas na faixa de 10 a 15, 15 a 20, 20 a 25, 25 a 30 anos etc. A classificação da faixa etária pode ser mais bem compreendida quando analisada sob a ótica do comportamento. Por exemplo, crianças entre 10 e 15 anos de idade comportam-se de maneira diferente se comparadas aos adolescentes de 15 a 20 anos. Adultos entre 25 e 30 anos têm anseios diferentes daqueles entre 35 e 40 anos.

> **Idade**
> Respeita a faixa etária compreendida no espaço de cinco anos.

Apesar de a renda ser um indicador importante para a definição do perfil do público-alvo, deve ser associada a outras variáveis, como idade, nível de escolaridade, classe social e ocupação dos indivíduos. Nem sempre uma pessoa com renda elevada está interessada em produtos de grife, principalmente se sua faixa etária estiver entre 35 e 40 anos. A renda dessa pessoa pode ser alta, mas ela pode ser alguém que sustente cinco filhos menores que não trabalham.

Cruze os dados:
- renda;
- classe social;
- nível de escolaridade;
- estilo de vida;
- hábitos e atitudes.

Embora as variáveis sexo, idade, renda, classe social e nível de escolaridade sejam relevantes, recomenda-se um cruzamento dessas informações com o estilo de vida do público-alvo, cujo estudo pode ser realizado por meio de análises das atividades, dos interesses e das opiniões do consumidor em relação a determinado produto, como, por exemplo, de que maneira a família gasta seu tempo nas férias; quais são os interesses de determinados grupos de mulheres em relação à educação dos filhos; qual é a opinião de um executivo de 40 anos sobre qualidade de vida etc.

Análise geodemográfica é a combinação de diversas variáveis para identificar grupos-alvo.

A definição do público-alvo, consumidor final, também pode ser feita por meio de uma análise geodemográfica, ou seja, pela combinação de diversas variáveis, a fim de identificar grupos-alvo pequenos e mais definidos. Essa análise tem como base a noção de que as pessoas que moram ou trabalham perto umas das outras provavelmente têm as mesmas preferências, os mesmos hábitos e as mesmas atitudes de consumo. Os dados obtidos com base nessa análise são utilizados para selecionar pontos de varejo, bancos, restaurantes etc. A definição de grupos-alvo específicos inclui a determinação de bairros com as mesmas características, ou seja, com indivíduos que tenham similaridade em seu estilo de vida.

Consumidores empresariais

Escolher com quais empresas uma organização quer trabalhar pode significar ganhos financeiros e imagem de marca. Assim, a determinação do público-alvo consumidor empresarial requer análises das variáveis geográficas, dos tipos de clientes e do comportamento do comprador.

Selecionar clientes com base na variável geográfica pode ser lucrativo quando a escolha recai em áreas industriais com altas taxas de crescimento, ou mesmo com concentração de clientes criando forte demanda ao produto. Assim, uma empresa pode comercializar seus produtos – por exemplo, material de construção – com grandes empreendedores.

Consumidores empresariais
Requer análises por:
- região;
- tipo de empresa;
- tamanho;
- quantidade comprada;
- frequência;
- atributos dos produtos.

Outra forma de definir o consumidor empresarial é selecionando o tipo de organização. Uma empresa pode escolher não trabalhar com aquelas que comercializam álcool ou cigarros, da mesma maneira como pode definir que só trabalhará com clientes de médio porte, em função, por exemplo, de sua produção. Há ocasiões em que as empresas precisam ampliar o leque de clientes e assim definir que buscarão clientes em outros mercados. É o caso daquelas que decidem exportar seus produtos, procurando no exterior o tipo de organização que estão acostumadas a atender em seu país de origem. Portanto, tanto o tamanho da empresa quanto o setor, o número de funcionários e o faturamento são fatores determinantes para a escolha do consumidor empresarial.

É sempre interessante definir o consumidor empresarial mesclando-se as variáveis com o tipo de comportamento de compras da empresa-alvo. É fundamental levar em consideração a quantidade média de cada compra efetuada pelo comprador, bem como sua frequência de compra anual e a importância dada pela empresa aos atributos dos produtos.

Objetivos

Faz parte do vocabulário empresarial a administração por resultados, expressão que envolve a definição dos objetivos organizacionais, bem como sua mensuração e avaliação no final do período determinado. A tarefa dos gestores seria mais fácil não fosse a complexidade de conexão dos diferentes níveis hierárquicos dos objetivos, buscando, em última instância, os esperados resultados financeiros da empresa.

Entendendo o termo "objetivo"

Entende-se como objetivo o resultado futuro que uma organização pretende atingir. Diversos autores sugerem utilizar o termo "objetivo" como sinônimo de meta, porém objetivo possui alvo qualitativo – ou seja, onde a empresa quer chegar –, e meta, alvo quantitativo – isto é, aspectos relacionados ao tempo, à quantidade, aos valores etc. Aqui, será utilizado apenas o termo "objetivo", que incluirá necessariamente meta.

Objetivo × meta
Objetivo tem alvo qualitativo, enquanto meta, quantitativo.

Em geral, os objetivos de uma organização estão relacionados a resultados financeiros, o que não significa que os da comunicação devam estar relacionados direta e tão somente aos resultados de vendas. É preciso saber interpretar os objetivos e traduzi-los de forma que colaborem com os resultados financeiros. Os objetivos gerais da gestão estratégica da empresa podem se referir à posição de mercado, à inovação, à produtividade, ao retorno de investimentos, aos benefícios para colaboradores, à responsabilidade social e a outros cujos resultados positivos dependem também da comunicação, e não apenas da área de vendas.

Os objetivos servem como instrumento de avaliação ao final do ano fiscal e, para tanto, devem seguir algumas regras:

- ser formulados por escrito, de forma clara e em linguagem simples, para que todos os envolvidos possam compreendê-los;
- ser relacionados por ordem de prioridade;
- ser ousados, mas realistas;
- ser mensuráveis e quantificáveis, para que seja possível sua medição e avaliação ao final de um período determinado;
- especificar quem será o público e quando este será atingido.

Para exemplificar, resgataremos o resultado da análise SWOTCOM, ou o diagnóstico realizado no Capítulo 2.

A empresa apresentou os seguintes pontos críticos:

Propaganda institucional
- Identidade e imagem da organização
- Relacionamento com a imprensa
- Posicionamento da organização
- Valor da marca

Comunicação mercadológica
- Merchandising

Comunicação interna
- Programas de motivação e comprometimento

Se o gestor de comunicação estiver trabalhando a comunicação organizacional integrada, pode definir os seguintes objetivos, tendo como parâmetros os problemas citados.

1. Reforçar a imagem da organização, valorizando a marca para todos os *stakeholders*.
2. Estabelecer um programa de relacionamento com a imprensa (por exemplo, visita às fábricas para conhecimento do processo fabril).
3. Estabelecer posicionamento ou reposicionamento geral da empresa.
4. Melhorar o relacionamento com os intermediários, promovendo de forma mais eficaz o merchandising.
5. Criar programas de motivação com o público interno.

Vale lembrar que esses objetivos foram detectados na SWOTCOM, porém, outros podem ser definidos. Imagine que uma empresa irá lançar um novo produto. É bem natural definir como objetivo o treinamento dos vendedores. Esse objetivo não aparecerá na SWOTCOM, mas sem dúvida deve ser considerado.

Objetivos da comunicação mercadológica

A definição dos objetivos da comunicação mercadológica não pode ser uma atitude isolada. Após essa definição, o gestor deve integrá-los aos objetivos gerais da organização. A Figura 3.2 mostra como eles estão interligados à gestão da comunicação integrada e à gestão estratégica, e ainda evidencia como os objetivos de vendas e de distribuição também estão relacionados.

Observe nas Figuras 3.2 e 3.3 a interdependência dos objetivos. Os objetivos de cada público auxiliarão a atingir os da comunicação integrada e estão diretamente relacionados aos de vendas e distribuição.

O importante é que o gestor da comunicação mercadológica inclua em seu planejamento quais objetivos de vendas, de distribuição e de comunicação pretende atingir, todos interligados aos objetivos gerais da organização.

Como já dito, o resultado da SWOTCOM e o diagnóstico auxiliam na definição de objetivos. É fundamental lembrar que a comunicação mercadológica tem diversos públicos, e para cada um deles deve-se estabelecer um objetivo.

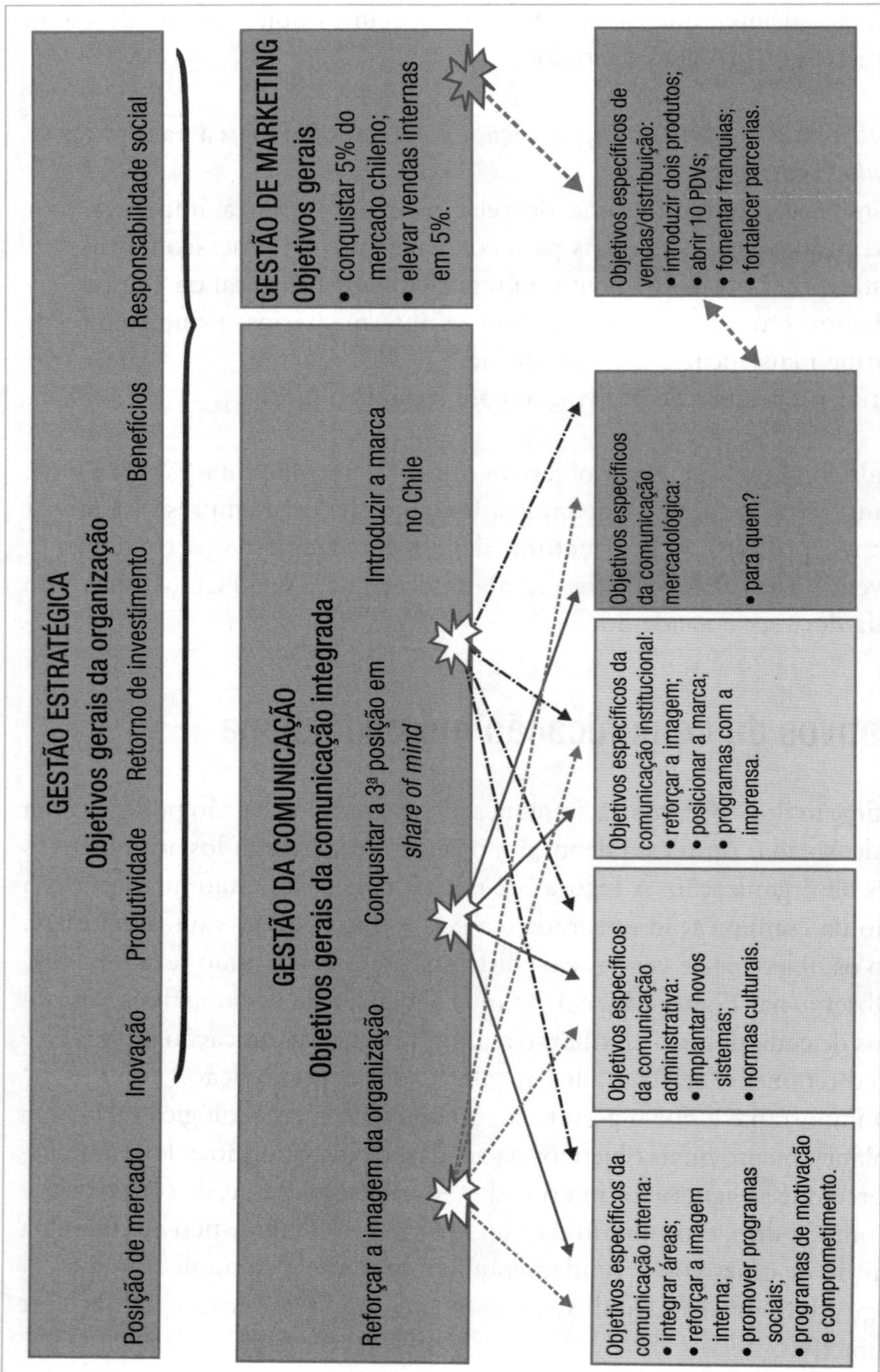

Figura 3.2 Interligação dos objetivos da comunicação integrada.

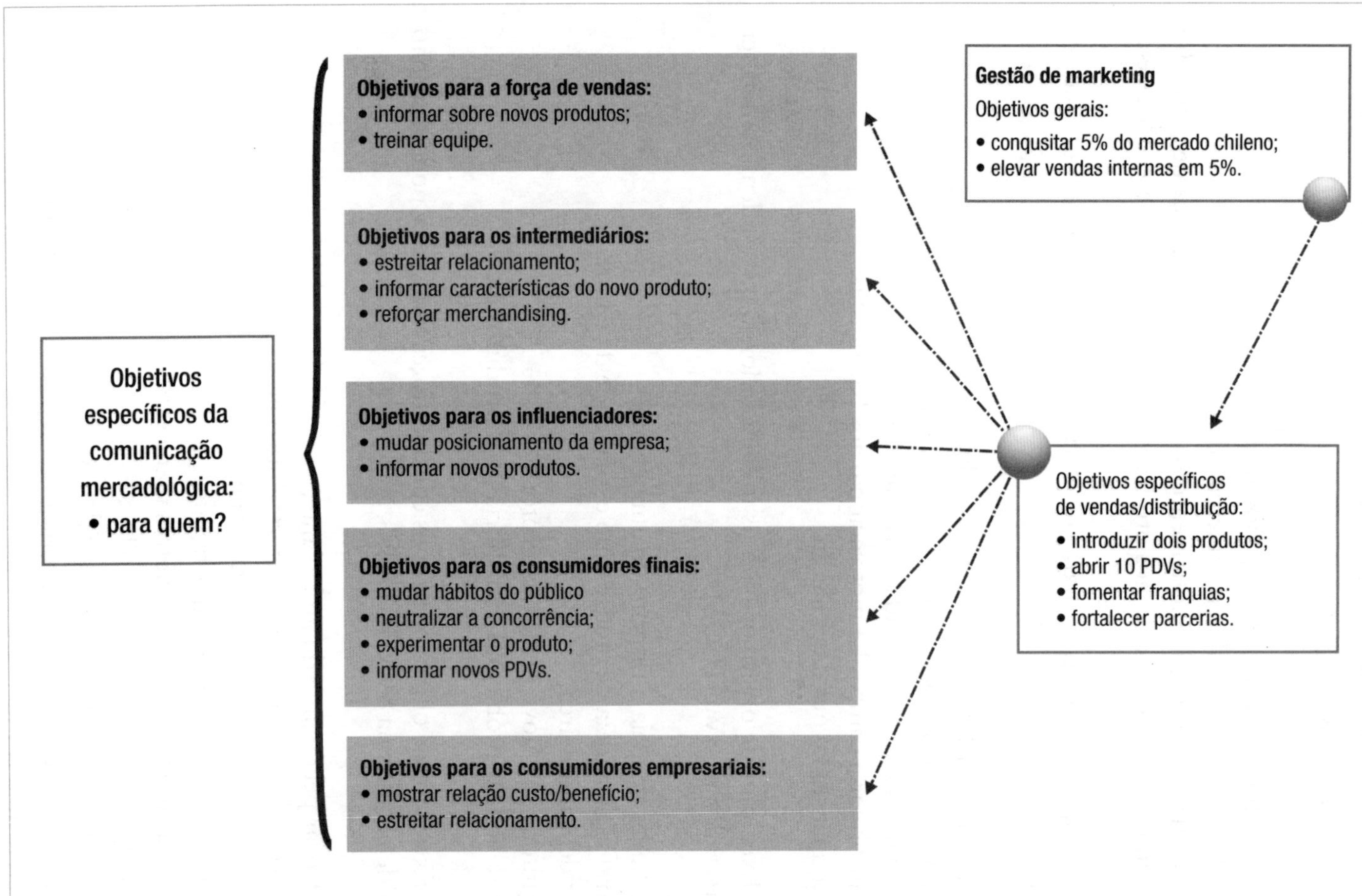

Figura 3.3 Interligação dos objetivos da comunicação mercadológica com os objetivos de marketing.

Exemplos de objetivos para a força de vendas, que podem ou não ser detectados na SWOTCOM:

- capacitar tecnicamente os profissionais;
- informar a nova política comercial da empresa;
- trabalhar o novo posicionamento para atingir a liderança de mercado;
- comunicar as alterações nos produtos ou em campanhas específicas etc.

Exemplos de objetivos para os intermediários, que podem ou não ser detectados na SWOTCOM:

- demonstrar lucratividade em trabalhar com o produto;
- informar sobre as características do produto;
- treinar a equipe de vendas dos intermediários;
- informar a campanha motivacional aos balconistas;
- ajudar no layout das lojas etc.

Exemplos de objetivos para os influenciadores, que podem ou não ser detectados na SWOTCOM:

- mudar de ideia a respeito do anunciante;
- reforçar a ideia de pioneirismo e qualidade da empresa;
- fidelizar a marca;
- informar o novo posicionamento;
- identificar problemas e melhorias nos produtos etc.

Exemplos de objetivos para os consumidores finais, que podem ou não ser detectados na SWOTCOM:

- trocar pela marca do anunciante;
- fazer que o público-alvo experimente o novo produto;
- mudar de ideia a respeito do anunciante;
- usar o produto com maior frequência;
- tentar usar o produto de outras maneiras;
- mudar o hábito do público-alvo;
- lembrar o consumidor de que deve comprar;
- criar o conhecimento do produto ou marca do anunciante;
- criar imagem de marca;

- informar os benefícios do produto;
- preservar os clientes atuais contra incursões da concorrência;
- conseguir que os consumidores peçam o produto pelo nome;
- persuadir o consumidor a pedir literatura do produto;
- persuadir o público a visitar o *showroom*;
- informar novos pontos de venda etc.

Exemplos de objetivos para os consumidores empresariais, que podem ou não ser detectados na SWOTCOM:

- mostrar a relação custo/benefício dos produtos;
- estreitar relacionamentos;
- criar a imagem da marca;
- informar a política comercial etc.

A interligação dos objetivos e sua divulgação podem ser auxiliadas pela criação de um tema.

Tema

Uma das principais funções do gestor da comunicação é a integração da comunicação dos diversos *stakeholders*. Como realizar, então, o planejamento da comunicação integrada, ou mesmo da mercadológica, diante da diversidade de públicos e objetivos?

A comunicação tende a ser sinergética quando existe um ponto de identificação ligando as diversas mensagens. É nesse momento que se faz necessária a criação de um tema único para toda a organização. Essa é uma função do gestor da comunicação integrada, no entanto, sabe-se que ainda são poucas as organizações que têm esse cargo. A definição de um tema para a organização pode ser função do gestor da comunicação mercadológica, bem como da agência.

O tema pode ter periodicidade de acordo com a flexibilidade e os interesses da empresa. Por exemplo, se uma organização do setor alimentício decidir adotar o tema "água" por um ano, toda sua comunicação deverá conter uma abordagem relativa à água. Nesse caso, esse procedimento aliará a imagem da organização à responsabilidade social, que pode ser associada às estratégias das comunicações institucional, interna, administrativa e mercadológica.

A criação do tema aqui proposto não deve ser confundida com o conceito de criação. O departamento de criação de uma agência elaborará uma campanha de acordo com um *briefing*, cujo tema da organização deve ser refletido, independente do conceito adotado pelos criativos da agência.

Escolhido o tema, o próximo passo é a definição de posicionamento, assunto do próximo capítulo.

Resumo

A escolha dos *stakeholders* não é tarefa fácil para o gestor da comunicação, uma vez que depende dos objetivos da organização e de suas prioridades. Quando o foco é a comunicação mercadológica, os *stakeholders* podem ser classificados como força de vendas, intermediários, influenciadores, consumidores finais e consumidores empresariais.

Quando o assunto é o consumidor final, algumas estratégias podem ser desenvolvidas, como a segmentação com base nas mídias digitais, por exemplo, Facebook, Linkedin etc., ou a escolha do alvo com base nos clientes atuais, nos da concorrência, nos entrantes da categoria ou em novas categorias. Essas estratégias devem ser cruzadas com as variáveis comportamentais, geográficas, demográficas e psicográficas do alvo escolhido.

Definidos os públicos com os quais a organização pretende trabalhar, o próximo passo é a determinação dos objetivos e metas. O resgate do diagnóstico, resultado da análise SWOTCOM auxiliará na definição dos objetivos. Lembre-se de que cada público requer objetivos diferentes, que devem estar associados aos de vendas, de distribuição etc., que por sua vez devem estar afinados aos objetivos da comunicação integrada.

Os públicos são diferentes, e os objetivos também. Como então correlacioná-los em uma única linguagem? A criação de um tema corporativo unificará as peças publicitárias e as mensagens.

Questões para revisão e discussão

1. Do que depende a escolha dos *stakeholders* em uma organização? Explique.
2. Os *stakeholders* que compõem a comunicação mercadológica estão classificados em diversos segmentos. Explique quais são esses segmentos e as características de cada um deles.
3. Que tratamento deve ser dado aos objetivos da comunicação mercadológica, levando em consideração a organização como um todo e a SWOTCOM?
4. Escolha um comercial ou um anúncio e tente descobrir qual foi o objetivo da comunicação mercadológica aplicado nessa peça publicitária.
5. Selecione vários e diferentes anúncios de um mesmo produto ou serviço e discuta com seus colegas qual tema foi escolhido para essa campanha.
6. Imagine que você deve envolver o chamado público influenciador desse produto. Quem seria o influenciador? Que objetivos você traçaria para esse público?
7. Faça o mesmo exercício com outro público; por exemplo, varejista.
8. Agora, adote como público o consumidor empresarial. Quais são os objetivos possíveis para esse público? Cite pelo menos cinco.
9. Tente definir dois objetivos da comunicação mercadológica para a força de vendas.
10. Definidos os objetivos da comunicação mercadológica por público, tente relacioná-los a possíveis objetivos de vendas e distribuição.

Referências

[1] FREEMAN, R. Edward. *Strategic management:* a stakeholder approach. Boston, MA: Pitman, 1984. p. 48.

[2] HITT, M. A.; IRELAND, R. D.; HOSKISSON, Robert E. *Strategic management:* competitiveness and globalization. 5. ed. Ohio: Thomson South Western, 2003. p. 19-32.

[3] KOTLER, Philip. *Administração de marketing:* a edição do novo milênio. São Paulo: Prentice Hall, 2000. p. 648.

[4] ______; KELLER, Kevin L. *Administração de marketing*. 12. ed. São Paulo: Pearson Prentice Hall, 2006. p. 623.
[5] STERNTHAL, Brian; TYBOUT, Alice M. In: IACOBUCCI, Dawn (Org.). *Os desafios do marketing:* aprendendo com os mestres da Kellogg Graduate School of Management. São Paulo: Futura, 2001. p. 27.

CAPÍTULO 4

Posicionamento

Esquema

Objetivos

Ao término do capítulo, o leitor deverá ser capaz de:

➔ Posicionar marcas em função do posicionamento estratégico, dos objetivos e dos públicos específicos.

➔ Criar associações para que o posicionamento da marca se fortaleça.

Posicionamento

Em um mundo globalizado, em que a concorrência se faz presente e está cada vez mais acirrada, a diferenciação é uma questão de sobrevivência para as organizações. Diferenciar é a capacidade que uma empresa tem de ser percebida, se comparada aos concorrentes, em função de suas vantagens competitivas. Para que uma organização seja efetivamente percebida como diferente, a vantagem oferecida por ela precisa ser única, difícil de imitar, sustentável, superior à competição e aplicável em diversas situações.

Essa não é tarefa fácil para os gestores, pois as vantagens competitivas podem ser copiadas pelas concorrentes em curto espaço de tempo, o que obriga as organizações a buscar outras vantagens. Uma alternativa para dificultar o *benchmarking* das vantagens competitivas realizada pelas concorrentes é a definição de um posicionamento.

Entendendo o posicionamento

A quantidade de informações recebida todos os dias por uma pessoa é tanta que sua mente é obrigada a selecionar apenas o que realmente lhe interessa. É um processo de seleção. A mente seleciona as novas informações que combinem com seu "eu" em determinado momento. Daí a definição: posicionamento é aquilo que as pessoas retêm na mente a respeito de determinada empresa, produto ou pessoa. Em outras palavras, posiciona-se a marca na mente do cliente.

O posicionamento definido por Kotler[1] sugere "a ação de projetar o produto e a imagem da empresa para ocupar um lugar diferenciado na mente do público-alvo". O resultado será a criação de uma proposta de valor, ou seja, uma razão convincente para que o consumidor compre determinado produto ou até mesmo mude de marca. A proposta de valor pode estar associada, ainda de acordo com o autor, a atributos, a benefícios, à aplicação ou uso, ao usuário, ao concorrente, à categoria de produtos e ainda à qualidade e ao preço, como será visto adiante.

Al Ries e Trout [2] explicam que não é uma tarefa fácil criar um posicionamento. Muitas pessoas sentem-se tentadas a trabalhar buscando uma solução sem antes pensar no problema. Os autores recomendam pensar melhor sobre a situação de forma organizada, analisando-a, para então partir para as conclusões, e sugerem ainda algumas perguntas para auxiliar o processo de criação do posicionamento:

- Que posição sua empresa ou produto tem no mercado?
- Que posição você quer ter?
- Como quer ser conhecido?
- Quem você deve enfrentar? Cuidado com os líderes!
- Você tem verba suficiente?
- Você aguenta a parada? Posicionamento deve ser a longo prazo.

O gestor da comunicação deve criar – uma palavra, uma frase – um posicionamento condizente com as respostas às perguntas formuladas por Al Ries. O resultado, após divulgado, deve fazer parte do vocabulário das pessoas quando associado a uma categoria de produtos. Vai exprimir o que o consumidor pensa a respeito do produto ou da empresa, isto é, seu posicionamento.

Para Al Ries e Trout,[3] o posicionamento consiste em criar uma posição de destaque na mente dos consumidores potenciais. O posicionamento começa com o produto, mas é a mente dos consumidores que deve ser trabalhada. Os autores sugerem ainda que nossa mente recebe muitas informações e armazena apenas o que é importante, descartando o que não interessa. Por esse motivo, o posicionamento deve trabalhar com elementos que já estão na mente, alinhando e realinhando as conexões existentes. Posicionamentos pela lei da liderança, da categoria, da mente, do foco, da escada, dos atributos, entre tantos outros, são trabalhados pelos autores.

Tendo em vista sua amplitude, o posicionamento pode ser definido como a percepção que as pessoas têm sobre determinada organização, produto ou serviço diante da concorrência, ou, em outras palavras, é o conceito que as pessoas têm sobre determinada marca.

O posicionamento pode ser considerado uma forma de diferenciação e ser aplicado – é importante ressaltar – tanto na organização (posicionamento estratégico) quanto em marcas de produtos e serviços (posicionamento específico).

O posicionamento estratégico retrata a maneira pela qual a empresa quer ser vista como instituição, ou seja, sua imagem, identidade e vocação. Algumas empresas exploram os aspectos decorrentes da missão empresarial, enquanto outras utilizam as vantagens competitivas, como, por exemplo, ser reconhecida como a maior empresa no setor "X", a melhor organização em..., a melhor empresa de tecnologia de ponta etc.

Posicionamento
É a percepção que as pessoas têm sobre determinada empresa, produto ou serviço diante da concorrência.

A Nestlé, por exemplo, desfruta de um posicionamento empresarial muito forte; é uma organização bem conceituada no setor alimentício, que se transformou na *maior empresa* de alimentação e nutrição do mundo. A Kopenhagen é outro exemplo: *uma loja de presentes finos* que produz chocolate de valor elevado e de alta qualidade. Esse tipo de posicionamento – ou estratégia – é definido na gestão estratégica da organização.

O posicionamento específico – no qual se enquadra a comunicação mercadológica – dependerá do produto, do público-alvo e dos objetivos específicos da comunicação mercadológica, integrando-os ao posicionamento estratégico, como demonstra a Figura 4.1.

Um exemplo da integração entre objetivos, públicos e posicionamento específico pode ser observado na Tabela 4.1, na qual todos os posicionamentos citados colaborarão com o posicionamento estratégico da organização.

Por ser uma área de muita exposição, a comunicação mercadológica trata o posicionamento com maior profundidade, tendo em vista o retorno financeiro para a organização. O posicionamento de marcas na comunicação mercadológica retrata os esforços de uma organização para encontrar um diferencial competitivo perante os concorrentes. O diferencial do produto pode se dar por meio da forma, das características, da durabilidade, do desempenho, do estilo, do design e de tantos outros

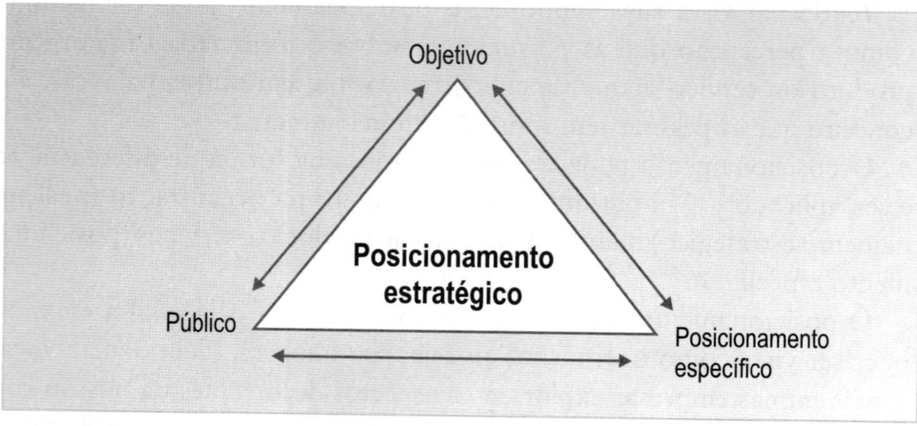

Figura 4.1 Posicionamento.

Tabela 4.1 Exemplos de relação dos objetivos, públicos e posicionamentos

<table>
<tr><th rowspan="6">POSICIONAMENTO ESTRATÉGICO
Ser a melhor empresa do segmento alimentício</th><th rowspan="6">COMUNICAÇÃO MERCADOLÓGICA
Objetivo geral: obter 3% de share of mind</th><th>Público</th><th>Objetivo</th><th>Posicionamento específico</th></tr>
<tr><td>Força de vendas</td><td>• Informar sobre novos produtos.
• Comunicar treinamento.</td><td>Os melhores produtos do mercado.</td></tr>
<tr><td>Intermediários</td><td>• Estreitar relacionamento.
• Informar características do novo produto.
• Desenvolver merchandising.</td><td>O melhor fornecedor e a melhor relação custo/benefício.</td></tr>
<tr><td>Influenciadores</td><td>• Mudar posicionamento da empresa.
• Informar novos produtos.</td><td>A empresa mudou.
Mais qualidade, mais responsabilidade social.</td></tr>
<tr><td>Consumidores finais</td><td>• Mudar hábitos.
• Neutralizar a concorrência.
• Informar o produto.
• Informar novos PDVs.</td><td>A melhor em qualidade e sabor.</td></tr>
<tr><td>Consumidores empresariais</td><td>• Mostrar a relação custo/benefício.
• Estreitar relacionamento.</td><td>A marca possui qualidade e melhor relação custo/benefício.</td></tr>
</table>

fatores, cuja responsabilidade fica a critério da engenharia de produtos. O diferencial da marca de um produto ficará a critério do gestor da comunicação mercadológica, que buscará caminhos com base nos diferenciais do produto ou criará associações para que a marca estabeleça uma posição na mente do consumidor, criando um posicionamento de marca e uma vantagem competitiva.

O princípio básico do posicionamento é a percepção que as pessoas têm sobre determinada empresa, produto ou pessoa diante das concorrentes. A percepção nos leva a uma imagem de marca, que por sua vez é um conjunto de associações, normalmente organizadas de alguma forma significativa.[4] Pode-se afirmar, portanto, que o posicionamento está intimamente ligado à imagem e às associações, tanto para o público interno quanto para o externo à organização. Por exemplo, a imagem do McDonald's foi construída por um conjunto de associações organizadas ligadas às crianças – o *palhaço Ronald* – e à alimentação – *hambúrgueres e batatas fritas* –, que fatalmente nos remete à imagem dos arcos dourados.

A percepção do posicionamento começa com o consumidor. Em um processo de compra, a decisão do consumidor pela marca A em detrimento da B se efetivará de acordo com a hierarquia de valores, desejos e necessidades fundamentados nas referências adquiridas por experiências anteriores, pela opinião de amigos e, sem dúvida, pelas estratégias de comunicação adotadas pela organização. Isso significa que o consumidor já tem uma hierarquia mental a respeito de marcas, e alterá-la é um processo difícil, mas não impossível. Um caminho sugerido por Al Ries e Trout reside em não criar algo diferente, mas trabalhar o que já existe na mente dos consumidores.[5]

Mas o que existe na mente deles? Uma pesquisa nos dará indícios da opinião dos consumidores sobre as marcas existentes no mercado, o que nos permitirá identificar o posicionamento de cada uma delas. Conhecendo efetivamente o que os consumidores pensam sobre as marcas, algumas alternativas serão possíveis, como manter e intensificar o posicionamento existente – e, neste caso, pode-se afirmar que a marca está bem posicionada –, reposicionar a marca – isto é, corrigir e/ou alterar alguns caminhos para fortalecê-la de acordo com os objetivos traçados –, ou criar um novo posicionamento.

Como posicionar uma marca?
O primeiro passo para criar o posicionamento de uma marca consiste na identificação de onde estamos. O segundo passo é definir para onde queremos ir.

O primeiro passo para criar ou alterar o posicionamento de uma marca consiste na identificação de *onde estamos* – ou seja, de que maneira a marca realmente é percebida pelo consumidor – para, em seguida, definir *para onde queremos ir*. Nunca é demais repetir que esse procedimento pode ser adotado para todo tipo de público, e não apenas para o consumidor final. Se considerarmos o público interno da empresa, a identificação de "onde estamos" significa saber o que os colaboradores pensam a respeito da organização.

Onde estamos

Para identificar *onde estamos*, recomenda-se a elaboração de um mapa de posicionamento (Figura 4.2) – que é uma ferramenta útil para representar as percepções dos consumidores sobre as marcas concorrentes –, cuja finalidade é visualizar a posição de cada marca perante as concorrentes, em relação aos atributos considerados importantes para a decisão de compra do consumidor.

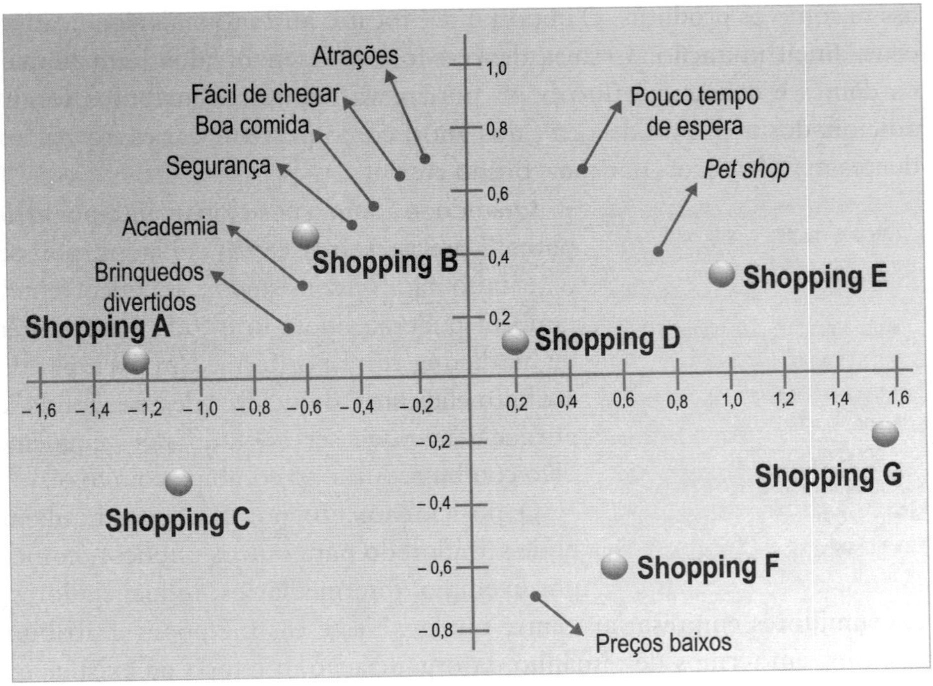

Figura 4.2 Exemplo de mapa de posicionamento.

Fonte: Adaptação de Kotler, Philip. *Administração de marketing:* a edição do novo milênio. São Paulo: Prentice Hall, 2000. p. 324.

Para onde queremos ir

Para onde queremos ir significa definir, efetivamente, o posicionamento. Aqui, algumas alternativas propostas por Kotler[6] e Al Ries e Trout[7] serão abordadas, mas sem preocupação de distinção, principalmente porque elas se complementam e por vezes até se sobrepõem.

Posicionamento por atributos

O que torna uma pessoa inconfundível são seus atributos. Um indivíduo pode ser alto ou baixo, gordo ou magro, extrovertido ou introvertido e ter tantas outras características comuns a outros seres humanos. Ser mais um ser humano não é o bastante. Veja o caso de Brad Pitt, eleito o homem mais sexy do mundo. Ele tem olhos verdes, mas isso não é importante – o que importa são seus atributos. As pessoas podem ter vários atributos, assim como os produtos. O importante é focar o atributo mais significativo e de difícil imitação. Cremes dentais foram desenvolvidos para limpar os dentes e deixar o hálito bom, porém, vários outros atributos foram adicionados a eles no decorrer dos anos, como prevenir cáries, tornar os dentes mais brancos, dar mais brilho etc.

Opções de posicionamento:
- por atributos;
- por benefícios;
- pela mente ou lembrança;
- por categoria;
- por aplicação ou uso;
- por usuário;
- por concorrente;
- por valor (qualidade e preço);
- por foco;
- por escada.

Quando se adota o posicionamento por atributos, é preciso tomar certos cuidados, pois se o atributo não for consistente, os concorrentes também poderão adotá-lo e toda a estratégia de marketing cairá por terra. Um exemplo de atributo eficiente é o que diz "desce redondo", porque não pode ser adotado por ninguém. Não combina. Aliás, só combina com Skol.

O posicionamento por atributos também pode ser adotado para outros públicos, como, por exemplo, intermediários, influenciadores, consumidores empresariais, entre outros. Nesse caso, é possível atribuir o *status*, em termos de tamanho da organização, o tempo de existência, a tradição etc.

Posicionamento por benefícios

A marca é um conjunto de atributos; porém, os consumidores não compram atributos. Eles querem benefícios, sejam emocionais ou racionais. O atributo de *status* pode ser transformado em um benefício emocional, retratado na aceitação social. É o caso da marca Audi. Ninguém compra essa marca pela beleza ou pela potência do seu motor, mesmo que afirme que esses sejam seus motivos da compra. O mesmo raciocínio é aplicado ao atributo excelência, que pode ser transformado em um benefício racional, como, por exemplo, um bom atendimento ou a qualidade de determinado produto. Os benefícios emocionais e racionais associam-se muitas vezes, criando valores agregados à marca.

É possível também a aplicação do posicionamento por benefícios para outros públicos. Se considerarmos como público, por exemplo, os distribuidores e/ou varejistas, ele pode ser retratado como a melhor empresa de relacionamento comercial, ou, ainda, como a que oferece a melhor relação custo/benefício.

Posicionamento pela mente ou lembrança

Ser marca líder é o sonho de todos os gestores, mas privilégio de poucos. Entretanto, as organizações podem tirar proveito de marcas que não estejam na liderança de vendas, cobrando por elas um valor mais alto, que resulte em maior rentabilidade, e trabalhando seu *share of mind*. Estando bem posicionada, o consumidor se lembrará da marca no momento da decisão de compra. É por essa razão que "é melhor ser o primeiro na mente do que ser o primeiro no mercado".[8] Tanto a máquina de lavar roupas Brastemp quanto o sabonete Dove não são líderes de mercado, mas possuem excelente *share of mind* e, consequentemente, ótima rentabilidade.

Se partirmos da premissa de que é melhor ser a primeira na mente do que a primeira no mercado, então poderemos posicionar a empresa para consumidores empresariais, como, por exemplo, a empresa que cumpre seus compromissos relativos ao desenvolvimento tecnológico de projetos, mesmo não sendo a maior do mercado. O mesmo posicionamento pode ser adotado para outros públicos. Lembre-se de que posicionamento e público andam sempre de mãos dadas.

Posicionamento por categoria

O posicionamento por categoria, como o próprio nome diz, implica criar uma categoria ainda não explorada. Segundo Al Ries e Trout,[9] "se você não pode ser o primeiro em uma categoria, estabeleça uma nova categoria em que seja o primeiro". Quando a Unilever lançou, em 1992, o sabonete Dove, não queria colocar no mercado mais um sabonete, por isso criou uma nova categoria: a do sabonete com creme hidratante. Observe que o Dove aparece em dois tipos de posicionamento: por categoria e pela mente. Esse procedimento é possível desde que haja coerência e sinergia nas estratégias de posicionamento.

Se o público não for o consumidor final, o mesmo critério pode ser adotado. Por exemplo, pode-se posicionar a empresa como a que melhor atende à comunidade em determinada região. Vários exemplos podem ser citados para outros públicos: a empresa com o melhor ambiente de trabalho, aquela que mais colabora com as associações de classe, a mais ágil do mercado *business-to-business* etc.

Posicionamento por aplicação ou uso

O posicionamento por aplicação pressupõe algum benefício da marca para uso específico do produto. Vários exemplos desse tipo de posicionamento podem ser dados quando analisamos a marca OMO: OMO Cores, OMO Máquina, OMO Multiação etc. Outro exemplo é o creme dental Sensodyne, indicado para pessoas que sofrem com dentes sensíveis; portanto, uma aplicação específica. Vale lembrar que outras marcas poderão imitar esse posicionamento, e a empresa terá de, teoricamente, dividi-lo com a concorrência. Existe, no entanto, um fator que inibe essa divisão: o pioneirismo. O creme dental Sensodyne foi o pioneiro na aplicação a dentes sensíveis, e esse fator é importante para o posicionamento na mente dos consumidores.

No mercado *business-to-business*, a aplicação desse posicionamento pode identificar empresas especializadas em determinadas aplicações, como, por exemplo, organizações que desenvolvem software para *mainframes*.

Posicionamento por usuário

Este se refere a um grupo específico de consumidores, mas, com base na premissa de que o posicionamento é um diferencial, o grupo de usuários não deve ser amplo demais. Não se trata aqui de quantidade, mas de qualidade do foco. Imagine uma empresa de seguros que pretende posicionar sua marca – seguro de automóveis – para o público feminino. Em princípio, as consumidoras poderão ser todas as mulheres que, de alguma forma, se preocupam com segurança. No entanto, se optar pelo posicionamento por usuário, a empresa pode focar não apenas qualquer tipo de mulher, mas, por exemplo, secretárias executivas, médicas, advogadas etc.

Este mesmo posicionamento pode ser adotado para outros públicos, como clientes empresariais, selecionando empresas com as mesmas características de compra.

Posicionamento por concorrente

Sempre que uma marca for comparada à da concorrência, a empresa estará adotando este posicionamento. A comparação pode ocorrer com base em algum diferencial competitivo do produto, como a forma, a cor, a composição etc., ou em algum potencial desenvolvido em seu mix de marketing. Por exemplo, Visa e American Express são marcas de cartões de crédito. A Visa posiciona-se como o cartão de crédito mais aceito no mundo,[10] adotando com isso a estratégia de distribuição/abrangência como posicionamento para diferenciar-se da concorrência.

O posicionamento por concorrente pode ser facilmente adotado para qualquer tipo de público – intermediários, influenciadores etc. – quando comparado a outra organização.

Posicionamento por valor (qualidade e preço)

Segundo Kotler,[11] a marca pode ser posicionada como a que oferece o melhor valor ao consumidor. É preciso, todavia, esclarecer neste momento a noção de valor. Valor não significa que a marca oferece ao cliente o preço mais baixo e com a melhor qualidade – há muita confusão a respeito deste posicionamento no mercado brasileiro. Muitas empresas posicionam suas marcas como a mais barata, estabelecendo assim uma confusão na mente dos consumidores. Se todas se utilizam desse posicionamento, qual delas é realmente a mais barata? Qual marca o consumidor reterá em sua mente? Qual é o diferencial apresentado perante os concorrentes se todas têm o melhor preço? Essa estratégia pode ser válida para confundir o consumidor e impedir que a marca concorrente decole sozinha no mercado, porém, não é um posicionamento eficaz. O mais adequado seria entender a noção de valor, ou seja, a relação custo/benefício que a marca proporciona. Empresas fabricantes de aparelhos celulares travam uma batalha pela mente dos consumidores, tentando posicionar suas marcas pelo valor, não só pelas características de seus produtos, como também pela relação custo/benefício; no entanto, são frequentemente neutralizadas pelas concorrentes.

A exemplo do posicionamento por concorrente, o posicionamento por valor também pode ser adotado para qualquer tipo de público.

Posicionamento por foco

O posicionamento por foco consiste em escolher uma palavra, um número ou uma expressão que esteja relacionada à marca. As palavras mais eficazes são as que evidenciam um atributo do produto, que, por sua vez, se traduz em benefício. Um dos melhores exemplos deste posicionamento foi utilizado pela cerveja Skol com a palavra *redondo*.

A escolha da palavra deve ser criteriosa e levar em conta a linguagem do público-alvo. Outro ponto a ser considerado é o investimento na área de comunicação. Se o concorrente tiver uma verba de comunicação maior que a sua, poderá apossar-se da palavra e destruir todas as suas estratégias mercadológicas.

Uma vez escolhida a palavra ou expressão, esta poderá ser aplicada para posicionamento a todos os tipos de público. No entanto, por vezes, será necessária uma adaptação no contexto ou na linguagem utilizada, mas o foco será o mesmo.

Posicionamento por escada

Muitas são as marcas existentes no mercado, e guardar todas é praticamente impossível. Nossa mente classifica o que considera importante, jogando fora o que não interessa. Essa classificação é mais bem visualizada quando comparada a uma escada, em que cada degrau possui o nome de uma marca de determinada categoria de produtos.[12] O posicionamento por escada nada mais é do que assumir o degrau em que a marca se encontra. É evidente que não se recomenda sua divulgação quando a posição ultrapassar a quinta colocação. Neste caso, a marca estará entre as dez primeiras, e então se dará início ao planejamento do posicionamento, cuja finalidade é galgar degrau por degrau. O posicionamento por escada é recomendado, portanto, para as marcas que têm um planejamento de crescimento. Se uma marca almeja o primeiro lugar, deve em primeira instância assumir sua posição atual e traçar estratégias semelhantes às do líder de mercado. O clássico exemplo da Avis, que durante anos divulgou a qualidade de seus serviços, adotou este posicionamento. Ao admitir em um anúncio ser a número dois, viu suas vendas crescerem vertiginosamente. O anúncio dizia: "A Avis é apenas a número dois em locação de carros. Então, por que nos preferir? Porque nos esforçamos mais".[13] No Brasil, essa prática não é usual. Ninguém gosta de ser o segundo. O que se percebe aqui são estratégias de *benchmarking* do líder para ganhar *ranking* no mercado. É o caso da Rede Record que, sem assumir sua posição na escada da mente, vem adotando estratégias da líder Rede Globo e, com isso, aumentando sua audiência. A utilização desse posicionamento para outros públicos é perfeitamente possível, além de criar sinergia e unificar a linguagem.

Uma marca pode adotar um ou mais posicionamentos além dos citados, ou, ainda, criar outro, desde que haja coerência e unicidade entre eles. Como já dito, escolher um posicionamento não é uma tarefa fácil, uma vez que não existem regras predeterminadas nem modelos. A escolha do posicionamento é a soma de um conjunto de fatores, cuja análise deve ser minuciosa para obtenção de resultados a médio e longo prazos.

Posicionamento e associações

A posição da marca reflete a maneira como as pessoas a percebem, porém, o posicionamento pode ser usado para refletir como uma organização deseja ser percebida.[14] Como a marca é percebida pelos consumidores e de que forma a organização quer que ela seja percebida são dois elementos que devem ser unificados pelo esforço das estratégias definidas na gestão da comunicação.

Se posicionamento é algo que as pessoas retêm na mente, como conseguir que o consumidor retenha especificamente uma marca? Não existem regras; no entanto, uma das formas de retenção é a associação da marca a alguma "coisa". Associação é algo ligado a uma imagem na memória, e ela será mais forte se estiver apoiada por uma rede de associações.[15]

Um conjunto de associações forma uma imagem forte, e ambas – associações e imagens – representam percepções. Assim, é possível afirmar que uma marca bem colocada terá uma posição competitiva atraente, apoiada por associações eficazes.

As associações são, portanto, valores que devem ser agregados às marcas e, segundo Aaker, que podem ajudar o processo de lembrança, criar um diferencial significativo, justificar a razão de compra, criar atitudes positivas e servir de base para as extensões da marca. Existem várias associações possíveis que podem resultar em estratégias, criando valor para a marca, como, por exemplo, personagens, mascotes, celebridades, estilo de vida, o próprio produto ou até mesmo a marca etc.

Um cuidado, no entanto, deve ser tomado! Posicionamento não é um *slogan*. O posicionamento é a origem do *slogan*; portanto, *slogan* é resultado de um posicionamento.

Caso a empresa já tenha um posicionamento, a agência deve analisá-lo em face dos estudos realizados até o momento. Se for condizente, basta reafirmá-lo. Do contrário, deve-se criar um.

Resumo

Para que a comunicação se efetive, é necessária a criação de um posicionamento dos produtos e serviços, o que significa diferenciá-los. No entanto, isso nem sempre é possível, em decorrência da velocidade da informação.

Muitas organizações utilizam o *benchmarking* e, em dias, semanas ou meses reproduzem o diferencial físico que era exclusivo de determinada empresa. Uma saída para o problema é a aplicação do posicionamento na comunicação associado a algum elemento considerado significativo aos consumidores.

Do mesmo modo que os objetivos de comunicação, o posicionamento deve ser geral para a organização e específico para cada público escolhido. Todo posicionamento específico deve estar necessariamente interligado ao posicionamento estratégico da organização.

É possível posicionar uma marca por atributos, benefícios, pela mente ou lembrança, categoria, aplicação ou uso, usuário, concorrente, valor, foco, escada e, ainda, por associações.

Questões para revisão e discussão

1. Qual é a importância do posicionamento na elaboração de um planejamento de comunicação?
2. Quais são os passos para a criação de um posicionamento?
3. Escolha a marca de um aparelho de telefone celular. Em seguida, defina o público, analise o produto e compare-o com as marcas concorrentes. A marca que você escolheu tem um posicionamento? Em caso positivo, explique. Caso negativo, crie um e justifique.
4. É possível criar mais de um posicionamento para determinada marca? Justifique.
5. Qual é a importância das associações de uma marca para o posicionamento?
6. Reúna seus colegas e discuta posicionamento por valor para produtos que compõem o mobiliário de uma casa.
7. Burger King é uma marca bastante conhecida no Brasil. Discuta seu posicionamento.
8. A IBM é uma empresa que proporciona a seus clientes soluções em tecnologia, atendendo aos diversos públicos da comunicação mercadológica. Analise a empresa e os concorrentes e defina posicionamentos específicos para seus públicos.
9. A Unilever estampa em sua comunicação a frase: “sentir-se bem, ficar bonito e aproveitar mais a vida”. Ela exprime um *slogan* ou um posicionamento? Explique.

10. Escolha alguns amigos e tente identificar se vocês, como pessoas, têm um posicionamento. Em caso negativo, crie um.

Referências

[1] KOTLER, Philip; KELLER, Kevin L. *Administração de marketing*. 12. ed. São Paulo: Pearson Prentice Hall, 2006. p. 305.
[2] RIES, Al; TROUT, Jack. *Posicionamento:* a batalha pela sua mente. 6. ed. São Paulo: Pioneira, 1996. p. 152.
[3] Idem, p. 2-18.
[4] AAKER, David A. *Marcas:* brand equity gerenciando o valor da marca. São Paulo: Negócio, 1998. p. 115.
[5] RIES, Al; TROUT, Jack. *Posicionamento:* a batalha pela sua mente. São Paulo: Pioneira, 1996. p. 2-20.
[6] KOTLER, Philip. *Administração de marketing:* a edição do novo milênio. São Paulo: Prentice Hall, 2000. p. 321-324.
[7] RIES, Al; TROUT, Jack. *As 22 consagradas leis do marketing*. São Paulo: Makron Books, 1993. p. 1-67.
[8] Idem, p. 10.
[9] Idem, p. 6.
[10] STERNTHAL, Brian; TYBOUT, Alice M. In: IACOBUCCI, Dawn (org.). *Os desafios do marketing:* aprendendo com os melhores da Kellogg Graduate School of Management. São Paulo: Futura, 2001. p. 65.
[11] KOTLER, Philip. *Administração de marketing: a edição do novo milênio*. São Paulo: Prentice Hall, 2000. p. 324.
[12] RIES, Al; TROUT, Jack. *Posicionamento:* a batalha pela sua mente. 6. ed. São Paulo: Pioneira, 1996. p. 23.
[13] ______. *As 22 consagradas leis do marketing*. São Paulo: Makron Books, 1993. p. 29.
[14] AAKER, David A. *Marcas:* brand equity gerenciando o valor da marca. São Paulo: Negócio, 1998. p. 115.
[15] Idem, p. 114.

CAPÍTULO 5
Estratégias

Esquema

Entendendo estratégias
Formulação de estratégias
Ações de comunicação/estratégias
- Treinamento/programas de motivação
- Campanhas de incentivo
- Propaganda cooperada
- Merchandising
- Eventos
  - Feiras e exposições
  - Congressos
  - Convenções
  - Visitas técnicas
  - Megaeventos
  - Ações digitais
- Marketing direto de relacionamento
  - Definição
  - Redes sociais
- Campanhas
  - Tipos de campanha
  - Tipos de campanhas e o ciclo de vida
  - Estratégias de campanha
    - Estratégia de informação
    - Estratégia de testemunho ou testemunhal
    - Estratégia de comparação
    - Estratégia de humor
    - Estratégia ofensiva
    - Estratégia de defesa
    - Estratégia indiferenciada
    - Estratégia de posicionamento/reposicionamento
- Assessoria de imprensa
- Material promocional

Objetivos

Ao término do capítulo, o leitor deverá ser capaz de:

→ Entender o significado de estratégias.
→ Escolher de maneira adequada as ações de comunicação em função dos *stakeholders*.
→ Desenvolver ações de merchandising.
→ Entender a gama de eventos empresariais.
→ Compreender o marketing direto de relacionamento.
→ Escolher o tipo de campanha e suas estratégias.
→ Compreender as atividades da assessoria de imprensa.
→ Conhecer a importância do material promocional.

O tratamento dado ao termo "estratégia" nos últimos 20 anos fez dele sinônimo de "qualquer coisa". Faz-se necessário, portanto, resgatar sua essência para sua correta aplicação, visando atingir os objetivos primeiros da organização. Do mesmo modo que os objetivos, as estratégias serão traçadas em diversos níveis da empresa, desencadeando um emaranhado de ações destinadas a públicos diferentes. As ações, necessariamente, devem ser interligadas. Este é o assunto abordado neste capítulo.

Entendendo estratégias

O termo "estratégia" tem sua origem na área militar e referia-se à "arte do general" em comandar o exército, com foco em habilidades psicológicas e comportamentais. Com a evolução dos tempos, essas habilidades ganharam conceitos gerenciais – administrativos, de liderança, de poder –, seguidos do uso da força para sobrepujar os opositores, criando assim um sistema unificado de influência e controle.[1] Entende-se, portanto, que, na área militar, estratégia era a maneira pela qual os generais aplicavam suas habilidades e forças, em grande escala, contra um inimigo.

A ligação do termo "estratégia" com o meio empresarial foi proporcionada por Von Neumann e Morgenstern, em meados da década de 1940, com a Teoria dos Jogos. Nela, a estratégia passou a ser um "plano completo que especifica quais opções serão feitas (pelo jogador) em cada situação possível".[2]

No meio empresarial, a definição de estratégia é bastante diversificada, não existindo uma simples e única. Alguns autores recorreram à Teoria dos Jogos para definir estratégia como opções ou ações realizadas pelas organizações para resolver determinados assuntos; outros a definiram como planos específicos para combater os inimigos, ou seja, a concorrência.[3] Alguns ainda incluem objetivos e metas como parte da estratégia, enquanto outros fazem claras distinções.

De acordo com Oliveira,[4] a estratégia no meio empresarial aplica-se à maneira pela qual os executivos utilizam os recursos financeiros, humanos e físicos com a finalidade de minimizar os problemas e maximizar as oportunidades. Essa definição do autor é mais genérica, podendo conciliar os diferentes conceitos sobre estratégia, uma vez que a utilização de recursos para a obtenção de resultados implica não somente planejar, mas também executar ações, levando em consideração a solução de problemas da organização, bem como a elaboração de manobras para combater as incursões das concorrentes.

No caso específico da gestão da comunicação, o termo "estratégia" será entendido como ações planejadas e executadas com base nas análises ambiental interna e externa, nos pontos fortes e fracos da organização, nas ameaças e oportunidades do mercado, no diagnóstico de comunicação, nos públicos envolvidos, nos objetivos de comunicação determinados e nos posicionamentos estratégico e específico da gestão da comunicação.

Formulação de estratégias

A formulação de estratégias deve levar em conta, além dos pontos de análise e definições estudados nos capítulos anteriores, fatores como disponibilidade de recursos financeiros, atitudes perante os riscos, capacidade de organização e relacionamento com os parceiros da empresa.

1. A disponibilidade de recursos financeiros deve considerar não apenas as estimativas de custos relativas à execução das ações, mas também as eventuais retaliações do mercado, que podem ser representadas por concorrentes, movimentos comunitários, organizações não governamentais etc.
2. Ao prever as retaliações, presume-se que a organização esteja assumindo a possibilidade de riscos. Neste caso, é recomendável que ela determine o grau de risco – mínimo, médio ou máximo – e tenha um plano B para dar continuidade às estratégias.
3. A capacidade de uma organização vai muito além da boa vontade. Algumas estratégias podem exigir capacidades além das que a empresa detém. Por exemplo, uma organização que conta com vasta experiência na montagem de quiosques para exposição de seus produtos em pontos de venda e nenhuma em montagens de eventos que exijam som e iluminação certamente comprometerá o sucesso da estratégia. Por isso, é recomendada a contratação de empresas ou pessoas experientes para o desenvolvimento de certas ações.
4. Estratégias que exigem o desenvolvimento de ações com parceiros devem considerar a disponibilidade e o interesse destes em trabalhar com

a organização. Algumas estratégias são abandonadas pelo fato de um concorrente ter despertado maior interesse do parceiro que sua organização.

O desenvolvimento de estratégias na comunicação mercadológica requer ações planejadas para cada público envolvido.

Do mesmo modo como os objetivos, as estratégias desmembram-se em tantas outras quantas forem necessárias, dependendo do nível da organização. Na gestão da comunicação, subdividem-se em estratégias da comunicação interna, administrativa, institucional e mercadológica.

Para o desenvolvimento das estratégias da comunicação mercadológica é preciso acrescentar outro componente: os objetivos de marketing. As estratégias traçadas devem estar alinhadas aos objetivos de marketing, que, por sua vez, devem ser coerentes com os objetivos estratégicos da organização, para a obtenção dos resultados pretendidos.

Partindo da premissa de que estratégias são ações que devem ser planejadas, então será necessário desenvolver planos de ação para cada público envolvido, ou seja, para a força de vendas, os intermediários, os influenciadores, os consumidores finais e os empresariais. É importante ressaltar que algumas estratégias são comuns a diversos públicos e, por essa razão, neste livro, serão abordadas de maneira geral.

Ações de comunicação/estratégias

Treinamento/programas de motivação

A força de vendas de uma empresa é a força motriz de todo sistema organizacional e, como tal, deve ser tratada com programas de motivação e treinamento. O treinamento técnico pressupõe uma assimilação das novas tecnologias por parte da força de vendas, sejam vendedores da organização ou dos intermediários. Além do treinamento técnico, é possível motivar essa força por meio de treinamentos específicos, como: aprimoramento das técnicas de vendas, marcar reuniões com o comprador, quando e como fechar um negócio etc. Tanto no treinamento técnico quanto no específico é preciso desenvolver um programa de motivação para envolver toda a força de vendas.

Um programa de motivação deve ser bem claro em seus objetivos, pois a simples menção das expressões “treinamento” ou “curso” pode sugerir aos vendedores da empresa uma associação a ganho financeiro a mais ou, ainda, promoção no nível hierárquico na organização. Por isso, é preciso deixar claro que qualquer programa de motivação não se relaciona a uma promoção profissional ou a um salário ou comissão que a força de vendas recebe, mas, sim, apenas ao cumprimento de um acordo entre a empresa e o vendedor.[5]

A organização promove programas de motivação para a equipe de vendas a fim de aumentar a produtividade dos seus vendedores e dos vendedores dos intermediários, em determinados períodos do ano, se for necessário.

Campanhas de incentivo

Outra motivação possível além dos treinamentos são os programas de incentivos ou campanhas para a força de vendas, cujo objetivo principal é incentivar as vendas, além de proporcionar melhora no relacionamento entre a empresa, a equipe de vendas e os intermediários. Neles, os vendedores ou as equipes de vendas serão premiados se atingirem ou superarem as metas de vendas estabelecidas pela empresa.

Segundo Pancrazio,[6] o êxito de uma campanha de incentivo depende de vários fatores, que devem ser considerados em seu planejamento:

- definição de metas de vendas ambiciosas, porém viáveis, considerando o potencial de vendas da região trabalhada;
- determinação de um período de duração que, em seu limite máximo, não permita a desmotivação da equipe e, no mínimo, possibilite cobrir as regiões trabalhadas;
- simplificação de regras e normas da campanha, de modo que sejam entendidas pela equipe de vendas e de fácil controle por parte da organização;
- escolha de um tema claro e motivador que identifique a campanha e permita uma disputa saudável entre os participantes;
- utilização de linguagem acessível ao público a que se destina;
- definição de critérios de premiação adequados aos interesses da força de vendas e da organização. Tais critérios podem ser qualitativos, quantitativos ou mistos.
  - ➔ qualitativos: referem-se à qualidade da operação, como bom cadastramento de clientes, venda de itens de menor demanda, reincidência de vendas, penetração em clientes inéditos etc.;

➔ quantitativos: referem-se à quantidade vendida, seja em produtos, serviços ou valores financeiros;
➔ mistos: referem-se à combinação dos critérios qualitativos e quantitativos.

Ações de comunicação:
- treinamento/programas de motivação;
- campanhas de incentivo;
- propaganda cooperada;
- merchandising;
- eventos;
- marketing de relacionamento;
- campanhas;
- assessoria de imprensa;
- material promocional.

Estabelecidos os critérios da campanha de incentivo, o próximo passo é a escolha do prêmio. Existem vários tipos, e a escolha depende dos objetivos da organização com a campanha específica, além do número de participantes, do tempo empreendido, do perfil da equipe de vendas, tanto da empresa quanto da equipe dos intermediários etc. Os tipos de prêmios podem ser:

- **viagens:** este tipo de premiação é muito bem-aceito pela força de vendas, principalmente quando os valores de vendas são elevados. Algumas vantagens caracterizam esse tipo de prêmio; uma delas é permanecer na memória dos ganhadores por algum tempo. Fotos, conversas entre amigos, casos pitorescos etc. Outra, é que um prêmio dessa ordem não é dado sempre, e a disputa entre os vendedores aumenta, assim como aumenta a produtividade;
- **produtos ou serviços:** este tipo de premiação oferece à equipe de vendas uma variedade de produtos, que podem ir do lazer ao uso pessoal. Podem ser eletrodomésticos, cuja vantagem é o tempo de vida, ingressos para shows, cursos de língua estrangeira, cestas básicas por tempo determinado, pagamento de seguros etc.;
- **dinheiro:** este tipo de prêmio não é recomendado, porém, algumas empresas o adotam. As desvantagens desta premiação são inúmeras. Quando a campanha de incentivo é realizada em etapas, o vendedor tende a considerar o prêmio como parte do salário, perdendo assim o fator motivacional. Outra desvantagem é o valor efêmero do dinheiro: ganha-se, gasta-se e esquece-se. A organização precisa pensar também em fixar sua imagem na equipe de vendas.

Ainda faz parte do planejamento da campanha de incentivo a entrega dos prêmios. Uma cerimônia formal, com a presença de toda a diretoria, com fotos para o jornal da empresa e um fator surpresa podem continuar o processo de motivação da força de vendas nos meses seguintes. Esse fator pode ser uma medalha, uma placa, um troféu ou mesmo um diploma.

Uma vez definidos todos os itens da campanha de incentivo, é hora da divulgação. É preciso criar um sistema de comunicação da campanha durante todo o período, mantendo os participantes informados e motivados. Não se esqueça dos materiais promocional e informativo sobre a campanha. Faz parte do informativo o *broadside,* peça publicitária muito semelhante ao folheto, cuja funcionalidade está atrelada ao lançamento de produtos ou a algum evento especial.

O *broadside* objetiva esclarecer a força de vendas, interna e externa, sobre qual tipo de apoio o fabricante dará, seja na informação de seus produtos ou dos de seus concorrentes, seja na mídia que irá realizar. Dessa forma, um *broadside* deve conter:[7]

- breve histórico da empresa;
- descritivo do produto ou serviço;
- análise comparativa do produto com os principais concorrentes;
- descritivo da campanha de comunicação a ser realizada;
- relação do material promocional à disposição dos vendedores.

Se possível, faça uma reunião com todos os envolvidos para apresentação da campanha. Do contrário, faça um comunicado por e-mail, mala direta, cartas enviadas à residência, ou outra forma conveniente.

Propaganda cooperada

A propaganda cooperada, também conhecida como campanha de varejo, é utilizada para possibilitar ao fabricante a obtenção de apoio dos intermediários em mercados locais ou regionais, permitindo que os consumidores finais associem seus produtos e marcas às revendas.

Essa propaganda ocorre, em geral, quando o intermediário realiza uma compra de seu fornecedor, e, também, quando há um lançamento, ou o intermediário está com estoque alto.

Como o próprio nome diz, essa propaganda tem seus custos "cooperados", ou seja, são rateados entre as empresas participantes. Sua característica é promover o giro de estoque e de produtos, além de levar o consumidor ao ponto de venda.

A verba utilizada na campanha cooperada é distinta da reservada à comunicação do anunciante. Quando o intermediário realiza uma compra, o fabricante abre um controle – como uma conta-corrente – e registra o crédito, que, em regra, se refere ao percentual sobre as vendas efetuadas ao intermediário. Quando o intermediário decide fazer uma propaganda cooperada, entra em contato com o fabricante e solicita a verba para realizá-la.

Algumas vantagens da propaganda cooperada são apontadas por Ogden:[8] promoção mais agressiva dos produtos dos fabricantes por parte dos intermediários, acesso à mídia local a um custo inferior, preços bem mais baixos se considerado que os veículos têm preços especiais para varejo etc.

Merchandising

Embora o merchandising seja uma ação destinada ao consumidor final, faz parte de um programa de apoio ao intermediário, o que pode ser constatado quando resgatamos sua definição: um conjunto de ações que visam construir um cenário favorável para a compra do produto no ponto de venda. Esse cenário compreende uma programação visual, favorecendo e facilitando a venda dos produtos. O merchandising abrange diversas ações, entre elas: exibitécnica; cor, som e iluminação; demonstração do produto; degustação etc.

Merchandising:
- exibitécnica;
- cor, som e iluminação;
- demonstração do produto;
- degustação.

Exibitécnica significa a técnica de expor o produto no ponto de venda e, como tal, envolve o arranjo de vitrinas, o *showroom*, a colocação do produto em prateleiras, os *displays*, os expositores etc. As grandes empresas têm equipes próprias de decoradores e promotores que atuam única e exclusivamente nos pontos de venda.

O ambiente no qual o produto está inserido também influencia a decisão de compra no ponto de venda. Explorando nossos sentidos, perceberemos que a cor e a iluminação estabelecem uma linguagem de códigos, podendo transmitir sensações de calor, frio, sabor, peso, acidez, doçura, salgado etc. Um ambiente branco transmite pureza, simplicidade e otimismo; vermelho, força, alegria, visibilidade; amarelo, luminosidade; rosa, timidez; marrom, utilidade; violeta, meditação; verde, calma; azul, calma profunda.[9]

Assim como as cores, os sons também têm sua parcela de influência nas decisões de compra. A escolha adequada do fundo musical no ponto de venda pode aumentar as vendas. Em datas comemorativas ou em dias em que há grande incidência de público, é recomendado o uso de músicas dinâmicas, alegres, vibrantes, que estimularão os consumidores a agir de maneira rápida, tornando a decisão de compra mais momentânea. Eles escolhem rapidamente os produtos, dirigem-se ao caixa, efetuam o pagamento e vão embora, cedendo lugar a outros, que agirão do mesmo modo. Quando o ponto de venda está mais vazio, são recomendadas músicas calmas, relaxantes, que estimularão o consumidor a permanecer por mais tempo na loja, podendo, então, levar outros produtos que, naquele momento, não faziam parte da lista de compras.

As empresas fabricantes enviam ao ponto de venda uma equipe de promotores para auxiliar na demonstração desses produtos aos clientes quando se trata de um lançamento ou, ainda, quando o produto tem alto grau de complexidade. Essa ação pode ser aliada ao treinamento do vendedor do ponto de venda.

Empresas alimentícias utilizam ações de degustação no ponto de venda, técnica esta muito bem-vista não só pelos consumidores, que provam o produto no local e decidem a compra, mas também pelos intermediários, pois gera movimento e vendas na loja. Outras empresas também utilizam a experimentação do produto, como, por exemplo, o *test-drive*.

O espaço que o produto ocupa nas prateleiras dos supermercados ou nas pontas de gôndolas faz as vendas aumentarem ou diminuírem. Quanto maior for o espaço, maiores serão os resultados de vendas. A marca OMO utiliza muito bem essa técnica.

Posição do produto: a altura da prateleira em que o produto é exposto no supermercado relaciona-se diretamente com suas vendas. A altura dos olhos do consumidor são as melhores posições. As balas e os bombons estão sempre localizados em uma prateleira mais baixa, para que as crianças possam vê-los diretamente.

As ações de merchandising devem ser apoiadas com material de pontos de venda: *banners*, *tags*, *wooblers*, *displays*, cartazes, faixas de gôndolas, *stoppers* etc. Essas ações produzem um resultado ainda maior quando associadas a campanhas publicitárias ou eventos.

Eventos

Há uma infindável relação de eventos que uma empresa pode realizar e, por consequência, a agência pode auxiliá-la na sua realização. São eles: feiras e exposições, congressos, seminários, convenções, visitas técnicas, lançamentos de produtos, megaeventos, desfiles, gincanas, campeonatos etc. As empresas podem participar sozinhas ou em parceria com os intermediários.

Os eventos, como todas as atividades de comunicação, devem ser planejados, não apenas em sua estrutura, mas também em seu conceito. Dificilmente eles aparecem isolados, fazendo sempre parte de outras ações de comunicação da empresa.

Feiras e exposições

As feiras e exposições caracterizam-se por expor e vender os produtos. Ambas são os tipos de eventos mais comuns, e um de seus objetivos é demonstrar projetos futuros das empresas. Muitas aproveitam a oportunidade para fazer pequenos testes com o produto – aceitação de cores, sabores, formatos etc. Outra das suas finalidades é a prospecção de clientes. Quando o evento é aberto, isto é, destinado ao público geral, grandes empresas enriquecem-no com atrações direcionadas, como, por exemplo, shows populares. Quando o evento é fechado, ou seja, direcionado a um público restrito ou técnico, as atrações assumem um caráter mais científico, como a realização de um congresso.

Congressos

Os congressos, em sua origem, têm como objetivo divulgar pesquisas científicas em determinados segmentos. Esse tipo de atividade é comumente realizado por cientistas da área médica, que apresentam os resultados de suas pesquisas.

Os congressos empresariais têm perfil semelhante. Por exemplo, um laboratório que tenha feito uma descoberta importante na área da saúde e criado um medicamento, pode divulgá-lo em um congresso por meio de palestras ou seminários.

Convenções

As orientações para a força de vendas podem ser dadas no dia a dia por meio de reuniões para a solução de problemas, como descontos por quantidade, atraso nas entregas, assistência técnica, entre outros, porém, agrupar os vendedores em reuniões ou em uma convenção de vendas, por exemplo, pode ser uma estratégia.

Enquanto as reuniões de vendas visam à solução de problemas rotineiros, as convenções têm por finalidade principal a divulgação de políticas e/ou estratégias de marketing, e como objetivo secundário visam:

- motivar a organização de vendas;
- proporcionar a integração entre a força de vendas externa e a equipe interna de vendas da organização;
- analisar eventuais mudanças de cenário;
- apresentar novos produtos;
- divulgar as estratégias de vendas para o próximo período.

Por ser mais abrangente e de importância relevante, as convenções devem reunir todos os envolvidos com a venda dos produtos ou serviços – representantes, vendedores ligados diretamente à organização ou autônomos –, bem como as gerências específicas, como atendimento ao consumidor e assistência técnica, além da diretoria.

Eventos:
- feiras e exposições;
- congressos;
- convenções;
- visitas técnicas;
- megaeventos.

As convenções anuais de vendas podem ser consideradas uma confraternização, momento em que todos os colaboradores envolvidos no processo de vendas se encontram e trocam experiências. Em geral, são realizadas em locais distantes da empresa, como hotéis ou clubes, e têm duração de um ou dois dias, ou até mesmo um final de semana. Apesar de ser considerada uma confraternização, elas possuem uma programação que inclui reuniões, cujos assuntos abordados versam desde o comportamento das vendas ocorridas no ano anterior e as dificuldades encontradas até os objetivos gerais de marketing, incluindo a quantificação do volume de vendas por vendedor. A quantificação do volume de vendas ou cotas geralmente é superior ao dos anos anteriores, o que gera um clima de tensão entre os participantes. Para amenizá-lo, incluem-se na programação atividades de lazer, como campeonato de tiro ao alvo, natação, futebol etc.

Como se pode perceber, a convenção de vendas tem características de um evento e, como tal, deve ser estrategicamente elaborada para que os participantes se lembrem das diretrizes no decorrer do ano, além de "vestir a camisa" da empresa. Para que isso ocorra, um vasto material institucional e promocional deve ser elaborado, como folhetos, catálogos, brindes, selos, camisetas etc., incluindo premiações ao melhor vendedor e aos vencedores das competições.

É possível realizar uma convenção para diversos públicos da organização. Dependendo da necessidade, uma convenção com intermediários e influenciadores pode ser altamente positiva para a imagem da empresa.

A convenção pode incluir também o lançamento de produtos e serviços. Para a força de vendas, o lançamento é o primeiro contato com os novos produtos, sendo necessário agendar um treinamento técnico para familiarizar os vendedores com os novos produtos.

Visitas técnicas

Outro evento são as chamadas visitas técnicas, realizadas em geral no segmento *business-to-business* e com o público influenciador. Quando o foco for o consumidor empresarial, a finalidade das visitas técnicas será a assessoria aos compradores quanto à utilização dos produtos ou mesmo a construção de um equipamento específico. Quando o foco for o influenciador, o objetivo da organização se voltará à tecnologia, à tradição e ao atendimento. Este tipo de evento também requer um planejamento, uma agenda e material de apoio, bem como brindes, se possível.

Megaeventos

Estes fazem parte das estratégias de comunicação ao consumidor final, quando a organização tiver como objetivo construir ou manter sua imagem de marca, melhorar e manter o relacionamento com os clientes. Esses eventos concentram investimentos elevados, porém proporcionam um retorno a médio e longo prazos. Exemplos de megaeventos: Skol Sensation, Skol Folia.

Além de ser megaeventos, são bastante ousados e, por essa razão, atraem a cobertura de vários tipos de mídia, ampliando sua repercussão.

Ações digitais

As ações no universo digital também são consideradas estratégias e como tal devem ser pensadas em conjunto quando se realiza um planejamento de comunicação. Em função da agilidade das operações, alguns autores não veem a necessidade de unificar temas e conteúdos, no entanto, quanto mais sinergéticas forem as ações, melhor.

As estratégias a serem adotadas no universo digital devem compreender as seguintes ações:

- Conteúdo: deve ser pensado em função da campanha como um todo, on-line e off-line.
- Mídias sociais/Monitoramento: o internauta é ao mesmo tempo o produtor da informação assim como o consumidor. É preciso, portanto, monitorar as redes sociais e os sites que permitem a criação de informações. Às vezes um *quid pro quo* pode prejudicar a imagem da empresa e neste momento recomenda-se ter sempre um plano B, que necessariamente deve ser planejado.
- Virais: embora sejam poucos os bons virais, planejá-los e disseminá-los exige planejamento para que haja sinergia.
- E-mail marketing e Publicidade on-line: embora tenham uma linguagem específica para cada público-alvo, recomenda-se associar seu conteúdo com as demais peças publicitárias.

Tais ações devem ser consideradas interdependentes para que criem sinergia e resultados.

Marketing direto de relacionamento

Muitas expressões são utilizadas para designar o marketing de relacionamento, como telemarketing, marketing direto, marketing um-a-um, propaganda de resposta direta, *below-the-line*, entre outras.

Definição

Kotler[10] aborda o assunto denominando-o marketing direto de gestão do relacionamento com o parceiro e explica que essa gestão abrange o gerenciamento de informações sobre cada cliente em todos os pontos de contato. Entende-se por pontos de contato qualquer ocasião em que o parceiro tem contato com a marca ou o produto, nas redes sociais ou em um hotel, por exemplo. Neste último, os pontos de contatos incluem as reservas, o *check-in*, o *check-out*, os programas de fidelização, o serviços de quarto e de escritório, a sala de ginástica, a lavanderia, os restaurantes e os bares.

Os pontos de contato são excelentes fontes para iniciar ou manter um relacionamento com os clientes. Assim, você deve construir um banco de dados, respeitando o público-alvo, com informações advindas de pesquisas e de seus *stakeholders*, de canais de distribuição ou por indicação. Não tente cadastrar todo mundo. Com um banco de dados qualitativo, você obterá melhores resultados.

Box 5.1 COMUNICAÇÃO DIFERENCIADA[11] – TECNISA

Tecnisa inova no relacionamento pós-venda

"Carinho antes é interesse. Carinho depois é relacionamento" é o lema da empresa para manter o cliente satisfeito mesmo no período mais crítico do negócio.

São Paulo, Abril de 2006 – Champanhe, pasta do proprietário e eventos na obra para celebrar a aquisição do imóvel e e-mails e mensagens de celular (SMS) constantes para informar as etapas do processo de construção. Esses são apenas alguns dos contatos que a Tecnisa mantém com o cliente durante os dois anos entre o momento da compra e a entrega das chaves do apartamento.

Após a aquisição de produtos de alto valor agregado, o consumidor passa por momentos de extrema ansiedade, processo conhecido por especialistas como dissonância cognitiva. "A ideia é surpreender os nossos clientes e contribuir para que a ansiedade deles seja controlada", afirma Romeo Busarello, diretor de marketing da Tecnisa.

O relacionamento intenso entre as construtoras e o consumidor é muito comum antes da compra, segundo Busarello. "O segredo da Tecnisa é manter essa mesma proximidade após ter o contrato assinado", explica. "Carinho antes é interesse e carinho depois é relacionamento", conclui o diretor, citando a expressão que se tornou um lema da companhia.

A Tecnisa mantém 42 pontos de contato com os clientes entre a compra e a entrega do apartamento. O projeto envolve desde a prestação de informações de serviços, por meio de e-mails e mensagens SMS, até o envio de presentes simbolizando cada momento do processo de construção.

Ao fechar o contrato, a Tecnisa envia um champanhe para o cliente e comemora com ele a grande conquista. Alguns dias depois, é encaminhada uma pasta para colocar os documentos relacionados à transação. Como símbolo do início da construção, o cliente recebe um par de luvas e um capacete para visitar as obras. "E, no final, ele recebe as chaves numa caixa decorada", comenta Busarello.

A companhia também criou uma personagem de relacionamento, chamada Patrícia Guimarães. É ela quem aparece nos 42 contatos com os clientes, assinando as cartas e os e-mails e enviando os presentinhos.

Para Romeo, o conceito a ser empregado não é o de gestão de vendas. A empresa tem que trabalhar relacionamento e marca. "As ações desde o início da compra até a entrega colocam a Tecnisa em destaque entre nichos diversificados de consumo".

Toda essa preocupação rende resultados para a companhia. "Hoje, 22% das nossas vendas ocorrem por indicação de clientes, muitas vezes daqueles que ainda não estão nem morando em seus apartamentos", conclui Busarello.

Fonte: http://www.tecnisa.com.br/noticias/tecnisa-inova-no-relacionamento-posvenda/165. Acesso em: 31 ago. 2015.

Nesse contexto, vale questionar: quais são as atividades específicas do gestor da comunicação no marketing de relacionamento? São várias, entre elas estabelecer as estratégias e aplicá-las de acordo com o plano de ação e o cronograma. Também são suas atividades o treinamento, a motivação, a postura, a divulgação – seja em sites, em telefones celulares ou nos meios de comunicação digitais ou tradicionais. É importante observar que muitos, se não todos os colaboradores da organização, estão envolvidos no processo de marketing de relacionamento. Sem o treinamento adequado destes, o marketing de relacionamento perde seu efeito.

Redes sociais

Criar estratégias digitais é ainda uma questão que preocupa os gestores de comunicação, pois requer muita experiência em projetos digitais. Para auxiliá-los, Minutti[1] desenvolveu um modelo de cinco fatores, denominado Modelo Estrela, que tenta evidenciar os principais fatores que influenciam a definição de uma boa estratégia digital e reduzir significativamente os gastos com estratégias inadequadas:

1. *Stakeholders*: *Para quem* a estratégia será elaborada? Qual é o consumidor alvo? Como esse consumidor se comporta no ambiente digital e o que se espera dele?
   Exemplo: Jovens, esportistas, donas de casa, universitários, executivos etc.
2. Colaboração: *Com quem?* Qual é o perfil do público que orbita seu público-alvo? Quem são os amigos do seu consumidor-alvo? Quais ações poderiam estimular o engajamento da rede de amigos do público-alvo da estratégia. Como será promovida a colaboração entre o público e seus amigos?

   Exemplo: amigos do Facebook, do LinkedIn, dos blogs, dos fóruns de discussão etc.
3. Relevância: *O quê?* O que será feito ou oferecido ao seu público-alvo para que se engaje em sua estratégia?
   Exemplo: brindes, promoção, *status*, entretenimento, informação diferenciada, outras.

[1] Consultor, empreendedor e professor de Estratégias Empresarias, Inovação e Comunicação Digital no Ibmec, IESB, PUC, entre outras.

Figura 5.1 Modelo Estrela de Minutti.

Fonte: MINUTTI, Marcelo. Como criar estratégias digitais de sucesso. Marcelo Minutti. Disponível em: <http://www.marcelominutti.com.br/blog/modelo-estrela-estrategias-digitais-de-sucesso/>. Acesso em: 31 ago. 2015.

4. Interatividade: *Como?* Como a estratégia pretende motivar a interação do público-alvo com a mensagem que você pretende passar? Como será a dinâmica dessa interatividade? O engajamento será promovido apenas no meio digital? A experiência de interação é adequada ao comportamento digital de seu público-alvo?
   Exemplo: Jogos, quiz, enquete, leitura, áudio/vídeo, participação dos amigos etc.
5. Canal: *Onde?* Onde será implementada a estratégia? Quais canais ou plataformas digitais serão utilizados? Quais as mídias digitais mais adequadas?
   Exemplo: Twitter, Facebook, Orkut, Blog, YouTube, hotsite etc.

O autor acredita ainda que a combinação dos cinco fatores proporcionará uma redução de riscos e de equívocos na estratégia proposta.

Campanhas

Tipos de campanha

Dependendo das necessidades da organização, o gestor da comunicação mercadológica pode optar por outro tipo de campanha, seja digital ou tradicional.

Embora a campanha institucional, que pode ser empresarial ou de serviço público, faça parte da comunicação institucional e não da mercadológica, ela é citada aqui para a compreensão das demais campanhas.

Campanhas:
- de propaganda;
- guarda-chuva;
- de promoção;
- de promoção de vendas.

Esse tipo de campanha deve ser entendido como aquele que divulga a organização como um todo. Caracteriza-se por conceituar a empresa, fixar sua imagem e informar seu segmento de atuação, com a finalidade de estabelecer e reconhecer sua marca. É muito comum ser realizada por empresas de grande porte, como IBM, Intel, Embratel, entre outras.

Campanha institucional de serviço público caracteriza-se por divulgar e orientar o público em geral sobre os serviços prestados pelo governo, por fundações ou ONGs, como, por exemplo, as campanhas de aleitamento materno, prevenção ao câncer de mama, à aids etc. É possível ainda unir os dois tipos de campanhas com excelentes resultados.

Campanha de propaganda, também chamada de publicidade, ou, ainda, de publicidade e propaganda, tem como característica principal a divulgação do produto, informando seus benefícios e atributos, objetivando tornar a marca conhecida e levar o consumidor à ação de compra. Esta campanha é estática, isto é, não interage com o consumidor. É recomendada principalmente para lançamento de produtos cujos conceitos de utilização são desconhecidos. É também utilizada para sustentar as vendas de um produto, mantendo sua imagem de marca em evidência, e muito usada pelas indústrias que fabricam bens de consumo; por exemplo, xampu Seda, sabão em pó OMO etc.

Campanha guarda-chuva – ou de linha de produtos – reúne as características das campanhas institucional e de propaganda. Caracteriza-se por conceituar a empresa, fixar sua imagem e informar sua linha de produtos, com o objetivo de estabelecer e reconhecer a marca da empresa e de seus produtos. Em geral, apresenta toda a linha de produtos, evidenciando a marca. É utilizada por empresas de eletrodomésticos, como TVs, geladeiras, fogões etc.

A principal característica da ***campanha de promoção*** é a interatividade com o consumidor e seu dinamismo. Além de divulgar o produto, objetivando tornar a marca conhecida e levar o consumidor à ação de compra, caracteriza-se também por acelerar as vendas, manter contato direto com o público, bloquear a ação da concorrência e reativar um produto.

A diferença entre campanha de propaganda e de promoções reside na velocidade do retorno das campanhas. Nesta última, as vendas são imediatas, o retorno é mais rápido e o contato com o consumidor mais estreito e direto. A de propaganda leva o consumidor ao produto, enquanto a de promoção o traz até ele. Em geral, a campanha de promoção solicita algo ao consumidor, oferecendo alguma coisa em troca, como, por exemplo: "Recorte o selo, coloque seu nome e endereço, envie para a caixa postal X e concorra a...".

É recomendada quando o produto já está há algum tempo no mercado e suas vendas estabilizadas, ou, ainda, quando há uma queda acentuada nas vendas de determinado produto. Este tipo de campanha revitaliza o produto. Quando um concorrente faz uma campanha promocional, certamente terá sua marca evidenciada. Para que isso não aconteça, deve-se bloquear a ação da concorrência entrando ao mesmo tempo e com o mesmo tipo de campanha promocional. Ambos os produtos concorrentes aumentarão suas vendas, porém nenhum terá sua marca envidenciada.

Campanha de promoção de vendas: cuidado! Esta se diferencia da campanha de promoção por suas características. Enquanto a de promoção divulga o produto, torna a marca conhecida e interage com o público, solicitando algo e oferecendo alguma coisa em troca, a de promoção de vendas é voltada à redução de preços de diversas formas: liquidação; dúzia de 13 – compre 12, leve 13 –; leve 3, pague 2, entre outras. Este tipo de campanha faz parte de um processo mercadológico em que a agência não pode interferir. Reduzir o preço ou casar produtos – leve 3 e pague 2 – é uma decisão unicamente do anunciante, e não da agência de publicidade.

Como dito, o gestor da comunicação mercadológica decidirá sobre qual tipo de campanha é mais adequado à organização em determinado momento. Um instrumento que o auxilia na tomada de decisão é o ciclo de vida dos produtos (Figura 5.2).

Tipos de campanhas e o ciclo de vida

O gestor da comunicação pode optar por qualquer tipo de campanha, desde que justifique o retorno à empresa. As recomendações são feitas em função do ciclo de vida do produto; não são regras rígidas, apenas orientativas.

Box 5.2 CURIOSIDADE

Um clássico na promoção: campanha de promoção caldos Maggi.

O ano de 1988 assistiu ao nascimento de um fenômeno da comunicação: a galinha azul dos caldos Maggi.

Na realidade, a galinha azul sempre existiu na embalagem desse produto, mas foi nesse ano que se transformou na estrela da propaganda e das promoções do produto.

A ideia nasceu do próprio cliente, a Nestlé, e foi amplamente trabalhada pela agência Norton, que desenvolveu diversos comerciais (em desenho animado), *jingles*, promoções e ações de merchandising, fazendo que o tema "O caldo nobre da galinha azul" acabasse sendo conhecido por praticamente toda a população brasileira, incorporando-se ao dia a dia do país.

Entre as ações de merchandising, a galinha azul esteve presente em todos os eventos possíveis e imagináveis, dos principais bailes de carnaval às páginas da Playboy, passando pelos inevitáveis programas de auditório.

Dos esforços promocionais, o de maior impacto foi o concurso "Quem matou Odete Roitman?", no final da novela *Vale Tudo*, da Rede Globo, quando foram recebidas três milhões de cartas em apenas uma semana.

O resultado de todo esse esforço foi extremamente compensad or para a marca, que finalmente atingiu a liderança do mercado de caldos após 26 anos de luta com os da Knorr, suplantando o concorrente com 54% contra 44,9% de *market share* nacional (final de 1988 e início de 1989).[11]

Explore mais este assunto consultando o site www.nestle.com.br.

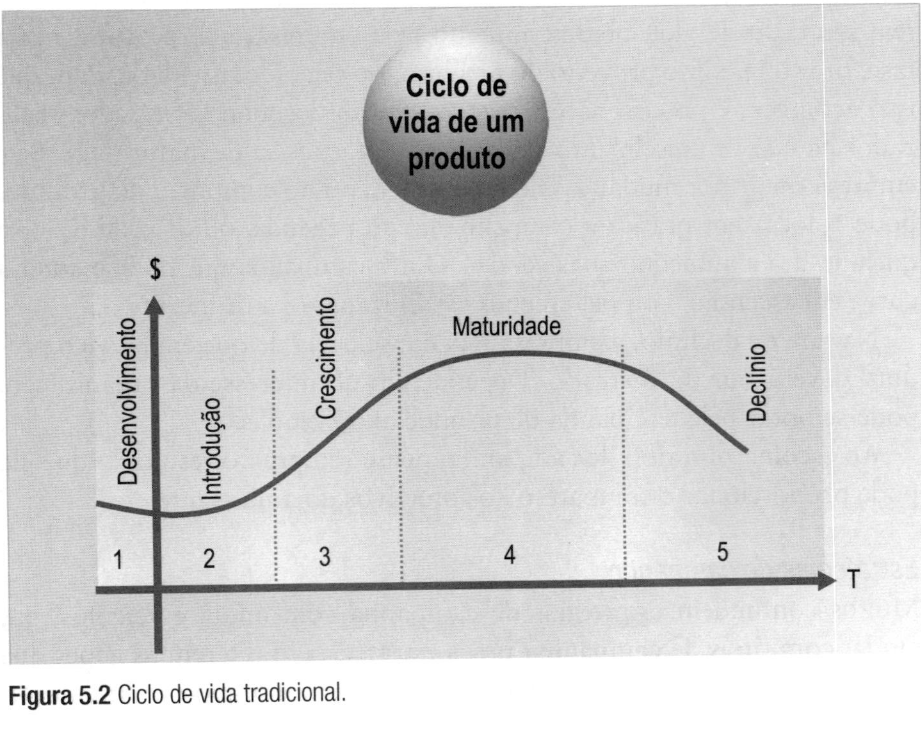

Figura 5.2 Ciclo de vida tradicional.

Cinco fases são consideradas no ciclo de vida de um produto: (1) desenvolvimento; (2) introdução ou lançamento; (3) crescimento; (4) maturidade ou saturação; e (5) declínio.

A fase de desenvolvimento é caracterizada pelo estudo das necessidades do mercado e do consumidor, bem como pela criação do produto e testes de aceitação antes de seu lançamento. Nessa fase, exceto para fazer testes, não são realizadas campanhas de comunicação. Pode-se utilizar a assessoria de imprensa, criando-se um *teaser* para ser desvendado na fase de introdução do produto no mercado.

Na segunda – de introdução ou lançamento –, recomenda-se a veiculação de uma campanha de propaganda informando os benefícios do produto.

A fase de crescimento caracteriza-se pelo estudo de melhorias nos produtos, busca de novos segmentos e usos inéditos e estudo do preço praticado. Observe que, aqui, o gerente de produto realiza um estudo para aplicações futuras, enquanto o produto está crescendo. É recomendado o que muitos denominam "campanha de sustentação", ou seja, a mesma campanha de propaganda utilizada na fase de lançamento.

A fase de maturidade é a mais complexa. Há produtos que permanecem indefinidamente nessa fase, como a Coca-Cola, por exemplo. Outros têm seu ciclo de vida predeterminado pela empresa, que procura, nessa fase, tirar o máximo proveito do produto, ou seja, lucratividade. Para que isso aconteça, é preciso não deixar as vendas declinar. Os estudos realizados na fase de crescimento são aplicados agora, na de maturidade. Se a empresa optar por mudanças na embalagem ou no composto do produto, pode colocar em prática a campanha de propaganda, ou de promoção, o que a levará a aumentar suas vendas. Outra campanha que pode manter a curva em ascensão – ou pelo menos estabilizada – é a de incentivo.

Na fase de declínio, a empresa tem consciência de que em breve o produto deverá sair do mercado. Dependendo do interesse da organização, pode-se optar pela campanha de promoção de vendas.

Ao escolher um tipo de campanha, pense sempre no resultado que ela pode proporcionar e compare-o aos objetivos do anunciante.

Estratégias de campanha

Muitos confundem estratégias de campanha com mídia e veículos, ou, ainda, com tipos de campanha. Essas estratégias se referem às ações que deverão ser planejadas e executadas de acordo com o tipo escolhido e determinadas informações. Elas são definidas em função de todas as análises realizadas, dos objetivos estabelecidos, das metas e do posicionamento dado ao produto ou serviço.

Dependendo da situação do produto ou serviço no mercado, pode-se escolher as estratégias. Entre as muitas existentes, algumas serão exemplificadas aqui.

Estratégia de informação

Este tipo é caracterizado pela prioridade que dá às informações de um produto ou de uma empresa. É utilizada, em geral, no lançamento de um produto novo ou inédito, mas também pode ser usada quando o produto for reformulado ou sofrer alguma alteração em sua embalagem. É importante frisar que esta estratégia informa algo sobre o produto. Exemplo: novos modelos da linha Volkswagen.

Estratégia de testemunho ou testemunhal

Esta é bastante aplicada para dar credibilidade ao produto. O uso de celebridades – atores e atrizes consagrados – pode trazer bom retorno à campanha publicitária.

Estratégia de comparação

Como o próprio nome diz, esta estratégia compara os atributos de um produto aos de seu concorrente. É importante lembrar que esta estratégia não ataca o concorrente, apenas o compara. Ao contrário dos Estados Unidos, este tipo não é muito utilizado no Brasil. Esta estratégia beneficia sempre ambos os produtos – o anunciado e o comparado. No entanto, é preciso ter cuidado para não denegrir a imagem do concorrente. A Coca-Cola tem usado esta estratégia quando compara seu produto às tubaínas existentes no mercado.

Estratégia de humor

Esta deve ser utilizada com muita cautela, uma vez que depende muito do público-alvo a ser atingido, dos problemas a resolver na comunicação e do tipo de humor trabalhado. Embora atraente, esta estratégia pode encobrir o conteúdo informativo e persuasivo da comunicação, além de cansar o consumidor. Se bem estruturada e bem-feita, tem condições de trazer excelentes resultados.

Estratégias de campanhas:

- de informação;
- de testemunho;
- de comparação;
- de humor;
- ofensiva;
- de defesa;
- indiferenciada;
- de posicionamento/ reposicionamento.

Estratégia ofensiva

Esta caracteriza-se pela ousadia. Compreende o ataque ao concorrente, visando suas vulnerabilidades. Para utilizá-la, é necessário conhecer muito bem o concorrente alvo do ataque, suas fraquezas, suas potencialidades. Com base nesse conhecimento, a estratégia ofensiva visa atacar o concorrente, oferecendo ao consumidor o que este não está em condições de realizar. Ela é utilizada para ganhar participação de mercado de um concorrente maior. Exemplo: a Antarctica mostrando sua plantação de guaraná e solicitando à Coca-Cola que mostre sua plantação de coca.

Estratégia de defesa

Esta é normalmente usada pelo(s) líder(es) de mercado com grande posição competitiva. Os líderes, além de utilizá-la, mantêm constante inovação tecnológica em seus produtos. É o caso do sabão em pó OMO perante os concorrentes. Além da estratégia testemunhal, OMO utiliza também a de defesa, quando mostra sua força tecnológica nas várias versões do sabão em pó.

Estratégia indiferenciada

Muitas empresas não reconhecem diferenças entre os segmentos de mercado e público-alvo para seus produtos. Neste caso, a comunicação pode não atingir objetivos específicos. Assim, a estratégia indiferenciada é recomendada para fixar marcas de empresas ou linhas de produto, como é o caso da água mineral.

Estratégia de posicionamento/reposicionamento

Quando trabalhar esta estratégia, você deve ter em mente que as pessoas não compram produtos, mas uma solução a algum problema que têm. Você deve associar a marca a uma palavra na mente do consumidor. O que lhe vem à mente quando alguém lhe sugere que troque seu automóvel por um Mercedes? A maioria das pessoas associa a marca Mercedes a prestígio. Quando se consegue associar uma palavra à marca do seu produto, dificilmente um concorrente poderá utilizá-la. Outro exemplo é a palavra "redondo". Você sabe qual é essa marca?

As estratégias de campanha não são predeterminadas, dependem dos objetivos da comunicação e podem e devem explorar a criatividade.

Assessoria de imprensa

Esta é outra ação que pode ser desenvolvida pelas empresas e, quando bem trabalhada, traz resultados excelentes. Tem como função divulgar e informar fatos relacionados à organização, seja lançamento de um produto ou algum fato envolvendo a empresa. A assessoria de imprensa compreende todo um estudo e preparação de material para sua divulgação, como *press releases*, *kits* de fotografias, brindes etc.

O resultado do seu esforço junto aos veículos não é pago. Afinal, estes precisam de matérias, e um dos caminhos para obtê-las é por meio da assessoria de imprensa das organizações.

Muitos textos traduzidos chamam esse tipo de ação de publicidade. Cuidado! Observe o texto a seguir:

> Publicidade é a comunicação vista como não paga de informações sobre a organização ou produto, geralmente por alguma forma de mídia. (...) Uma vez que é vista como não paga por ser veiculada pela mídia como notícia, a publicidade geralmente goza do crédito e da confiança do público em geral. (...) Os profissionais de marketing podem gerar notícias para atrair uma cobertura favorável da mídia enviando *press releases*, clipes de vídeos sobre a companhia, promovendo entrevistas coletivas ou organizando eventos atraentes.[12]

Isto não é publicidade! Aqui no Brasil, esse tipo de atividade tem outro nome: assessoria de imprensa. São jornalistas que criam e redigem matérias direcionadas a veículos específicos.

Uma empresa de cosméticos pode trabalhar com uma assessoria de imprensa divulgando seus produtos em todas as mídias, desde que o texto seja adequado ao veículo. Por exemplo, pode falar de beleza em uma revista direcionada ao público feminino, assim como em um jornal específico de economia abordando investimentos desse mercado.

Por não se tratar de matéria paga, existem alguns fatores que influenciam o "conseguir" a publicação nas mídias, que são: grau de intimidade entre o jornalista representante da empresa e os dos veículos; importância da matéria, do produto e seu envolvimento com a atualidade; e a forma como é redigida.

Material promocional

As forças de venda interna e externa necessitam de orientação e material de apoio (folhetos, catálogos, brindes etc.) para transmitir informações sobre a organização, bem como sobre seus produtos e serviços, e dar credibilidade aos vendedores. Os *stakeholders*, sejam consumidores finais, empresários, investidores, fornecedores ou assessores de imprensa, também precisam ser informados. O material institucional tem como objetivo apresentar a organização e divulgar a imagem da empresa, no qual é recomendável incluir informações sobre o histórico da empresa, sua missão, as instalações, tecnologia empregada, controle de qualidade, responsabilidade social, linha de produtos e serviços, assistência técnica, entre outros assuntos. Já o material promocional tem como finalidade a divulgação dos produtos e serviços da organização, e inclui sua descrição, seus atributos e benefícios.

Resumo

No planejamento da comunicação mercadológica, o termo "estratégia" será entendido como ações planejadas e executadas com base em análises internas e externas à organização.

Nesse contexto, várias ações são possíveis, dependendo dos objetivos e dos públicos definidos na comunicação. Lembre-se de que as ações devem estar interligadas, tanto as tradicionais como as digitais.

Programas de motivação ou treinamento são ações dirigidas aos colaboradores que compõem a força de vendas interna ou externa à organização. Seus objetivos devem ser claros para que não sejam confundidos com promoção ou ascensão profissional na empresa. Os de motivação não devem ser confundidos com as campanhas de incentivo, que têm como característica melhorar o relacionamento entre o produtor, os colaboradores e os clientes.

A propaganda cooperada é uma ação conjunta que visa levar o consumidor ao ponto de venda, promovendo, assim, o giro de produtos nas lojas. A permanência do consumidor no ponto de venda depende muito do grau de atratividade, isto é, das ações de merchandising. A maneira como o produto é exposto, a iluminação, as cores e sua localização nas gôndolas são ações que devem ser planejadas para atrair e reter o consumidor.

Há uma infindável relação de eventos que uma empresa pode realizar. Feiras, exposições, congressos, convenções, lançamento de produtos, visitas técnicas e megaeventos são alguns exemplos. Os eventos têm resultado mais positivo quando associados a outras ações de comunicação, como marketing de relacionamento.

As ações digitais devem ser planejadas em seus conteúdos, mídias sociais, virais, e-mail marketing, publicidade on-line e monitoramento.

O marketing de relacionamento tem na sua essência o relacionamento de duas vias, entre o público-alvo e a empresa. Uma das ferramentas mais utilizadas são as redes sociais.

As campanhas publicitárias desmembram-se em vários tipos: institucional, guarda-chuva, propaganda, promoção e promoção de vendas. A escolha do tipo mais adequado dependerá de vários fatores, entre os quais a posição que o produto ocupa em seu ciclo de vida.

Independente da posição do produto no ciclo de vida, a assessoria de imprensa pode ser desenvolvida pelas empresas e, quando bem trabalhada, traz resultados excelentes. Ela tem como função divulgar e informar fatos relacionados à organização, seja o lançamento de produto ou algum fato envolvendo a empresa.

Toda e qualquer ação planejada na comunicação mercadológica requer material promocional, como folhetos, catálogos, brindes, ações na web, *mobile* marketing etc. Além de esses materiais serem eficientes, têm custo baixo e retorno muito bom.

Questões para revisão e discussão

1. Faça uma reunião com seus colegas e discuta o termo "estratégia".
2. Escolha um produto e desenvolva uma ação de merchandising no ponto de venda. Inclua todas as opções possíveis.
3. Desenvolva uma ação ao público influenciador, seja ele a imprensa ou um especialista em agronegócios.
4. Desenvolva um evento, levando em consideração que será realizado ao ar livre.

5. Reúna novamente seus colegas e crie uma campanha para web. Defina produto, público e mídia.
6. Selecione vários *hotsites* de marcas diferentes e defina que tipo de campanha foi adotado para cada um.
7. Aproveite o mesmo material e tente identificar que estratégias de campanhas foram adotadas.
8. Desenhe o ciclo de vida de um produto que possui várias fases: desenvolvimento, introdução, crescimento, maturidade e declínio. Coloque em cada fase o tipo de campanha que um gestor da comunicação pode utilizar. Justifique.
9. Imagine que você "ganhou" a conta do hipermercado Carrefour. Que ações de comunicação (tradicional e digital) desenvolveria para esse cliente?
10. Escolha um produto e desenvolva ações de comunicação para todos os públicos que o envolve.

Referências

[1] QUINN, James Brian. Strategic change: logical incrementalism. In: MINTZBERG, Henry; QUINN, James Brian (Orgs.) *The strategy process:* concepts and contexts. Englewood Cliffs: Prentice Hall, 1992. p. 4.

[2] Idem, p. 27.

[3] ANSOFF, H. Igor. *Estratégia empresarial*. São Paulo: McGraw-Hill do Brasil, 1977. p. 99.

[4] OLIVEIRA, Djalma de Pinho Rebouças de. *Estratégia empresarial*. São Paulo: Atlas, 1991. p. 26.

[5] PANCRAZIO, Paulino Da San. *Promoção de vendas*. São Paulo: Futura, 2000. p. 73.

[6] Idem, p. 74-75.

[7] SANT'ANNA, Armando. *Propaganda:* teoria, técnica e prática. 6. ed. São Paulo: Pioneira, 1996. p. 34.

[8] OGDEN, James R. *Comunicação integrada de marketing*. São Paulo: Pearson Prentice Hall, 2002. p. 70.

[9] FERRACCIÙ, João de Simoni Soderini. *Promoção de vendas*. São Paulo: Makron Books, 1997. p. 56.

[10] KOTLER, Philip; KELLER, Kevin Lane. *Administração de marketing*. 12. ed. São Paulo: Pearson Prentice Hall, 2006, p. 151.
[11] SAMPAIO, Rafael. *Propaganda de A a Z:* como usar a propaganda para construir marcas e empresas de sucesso. Rio de Janeiro: Campus/ABP, 1995. p. 147.
[12] CHURCHILL, Gilbert A.; PETER, J. Paul. *Marketing:* criando valor para o cliente. São Paulo: Saraiva, 2000. p. 496.

CAPÍTULO 6

Itens para aprovação

Esquema

Opções para definição da verba de comunicação

Budget

Plano de ação/cronograma

Avaliação

Objetivos

Ao término do capítulo, o leitor deverá ser capaz de:

- ➔ Identificar a origem da verba de comunicação e propor alterações.
- ➔ Realizar um *budget* de comunicação.
- ➔ Elaborar um plano de ação completo e seu cronograma.
- ➔ Estabelecer critérios para avaliação e compará-los aos indicadores de sucesso.

De nada adianta preparar um planejamento excelente e levá-lo para aprovação sem valores. A primeira pergunta que você ouvirá será: "OK, mas quanto custará tudo isso?". A segunda provavelmente será: "Que retorno nos trará esse planejamento?".

Mesmo tendo ou não uma verba predefinida, o gestor da comunicação se vê diante de uma das tarefas mais árduas de sua gestão: distribuir a verba entre as ações de comunicação. Essa é uma tarefa difícil por vários motivos. Nem sempre o gestor sabe exatamente qual é o valor da verba disponível, ou, quando sabe, a dificuldade reside na definição de um percentual para cada ação. E também se depara com outras dificuldades: a empresa terá fluxo de caixa nas épocas em que ocorrerão as ações de comunicação? Quem será o responsável pelas ações? O planejamento dará resultados? Estes são os assuntos abordados neste capítulo.

Opções para definição da verba de comunicação

Existem várias opções para os gestores empresariais definirem a verba de comunicação. As mais frequentes compreendem os métodos de porcentagem das vendas, paridade com a concorrência e recursos disponíveis. Outros como prática comercial anterior, valor fixo por unidade, objetivo/tarefa e objetivo/valor fixo também são opções. O leitor pode conhecer os detalhes de cada método consultando o livro *Administração em publicidade*.[1]

O método mais comum é a aplicação de um percentual sobre as vendas estimadas da organização. Segundo Kotler,[2] os investimentos em comunicação variam de empresa para empresa. Os percentuais podem variar entre 30% e 50% no setor de cosméticos, ou 5% a 10% no de equipamentos industriais, contudo, é a empresa que os define, podendo investir mais ou menos. Esse método, no entanto, tem suas desvantagens, e a principal delas é a aplicação do percentual nos valores estimados de vendas. Se as vendas não forem realizadas como previsto, o valor da verba de comunicação será reduzido, prejudicando seu planejamento.

O método de paridade com a concorrência implica determinar a verba de comunicação com base nos valores investidos pelos concorrentes. Há quem afirme que esse método evita disparidade entre os concorrentes, uma vez que estão sendo investidas quantias semelhantes. Não é, no entanto, um método adequado se levarmos em conta os objetivos individuais de cada organização.

Algumas empresas ainda utilizam o método dos recursos disponíveis, que desconsidera todo o planejamento de comunicação. O que nos parece mais adequado é o método objetivo/tarefas, que consiste em planejar as ações necessárias independente da verba. Esse método demanda um tempo maior, considerando-se o levantamento de estimativas de custos, a negociação, os acertos nas ações e a comprovação de retorno para a liberação dos recursos da organização.

Budget

Independente do método a ser empregado para a definição da verba de comunicação, é preciso desenvolver um *budget*, que é uma previsão de investimentos, um orçamento descrito para cada ação de comunicação. Definir quanto será destinado a cada ação depende dos objetivos de comunicação e do público envolvido, previamente estabelecidos. A Tabela 6.1 retrata um exemplo de como um *budget* pode ser desenvolvido.

Tabela 6.1 Exemplo de *budget*

BUDGET	
Ações	**R$**
1) Convenção anual de vendas	
2) Programa de motivação para os vendedores • cursos de atualização	
3) Campanha de incentivo • com equipe interna • com revenda	
4) Redes sociais • revenda • B2C	
5) Campanhas B2C	
6) Lançamento de produto para revenda	
7) Assessoria de imprensa	
8) Material promocional • folhetos • PDVs • brindes	
9) Feira/exposição	
10) Outros	
Total	

Cada uma das ações deverá ser desmembrada, considerando os detalhes de produção. Tomemos como exemplo o item 6, "lançamento de produto para revenda".

Tabela 6.2 Desmembramento do *budget*

Lançamento de produto para revenda		
Ações desmembradas	**Valor estimado**	**Valor pago**
Locação de espaço	20.000,00	
Iluminação	15.000,00	
Decoração	10.000,00	
Cenários	15.000,00	
Equipamentos	12.000,00	
Buffet	35.000,00	
Bebidas	10.000,00	
Recepcionistas	8.000,00	
Broadside	18.000,00	
VIPs	20.000,00	
Segurança	20.000,00	
Redes sociais	50.000,00	
Convites	3.500,00	
Imprensa	0	
Valet parking	5.000,00	
Material promocional	3.500,00	
Brindes	8.500,00	
Outros	0	
Total	**253.500,00**	

A coluna "valor pago" da Tabela 6.2 será preenchida na efetivação da ação e servirá para comparar os valores orçados com os efetivamente cobrados. Esse é um ponto que testa o poder de negociação dos gestores.

Plano de ação/cronograma

Quando o *budget* estiver completo, será o momento de atribuir um responsável a cada ação, bem como definir os períodos em que cada uma ocorrerá. É o chamado plano de ação/cronograma, que descreve quem faz o que e quando (veja a Tabela 6.3).

Tabela 6.3 Exemplo de plano de ação/cronograma

Plano de ação/cronograma													
Ações	Responsável	Janeiro	Fevereiro	Março	Abril	Maio	Junho	Julho	Agosto	Setembro	Outubro	Novembro	Dezembro
1) Convenção anual de vendas													
2) Programa de motivação para os vendedores													
• cursos de atualização													
3) Campanha de incentivo													
• com equipe interna													
• com revenda													
4) Marketing de relacionamento / Redes sociais													
• B2B													
• revenda													
• B2C													
5) Campanhas B2C													
6) Lançamento de produto para revenda													
7) Assessoria de imprensa													
8) Material promocional													
• folhetos													
• PDVs													
• brindes													
9) Feira/exposição													
10) Outros													

De posse do *budget* e do plano de ação/cronograma, o próximo passo será a realização de um fluxo de caixa. Lembre-se de que a área de comunicação envolve grandes investimentos e de que é preciso se organizar para que a empresa esteja preparada para pagar todos os fornecedores. O fluxo de caixa descreve cada ação, os valores que deverão ser pagos a cada fornecedor e as respectivas datas. A Tabela 6.4 mostra um exemplo desse fluxo realizado para o lançamento de produto para revenda. É preciso, no entanto, fazer o fluxo de caixa total para todas as ações.

Esse fluxo é também uma ferramenta de orientação. Observe na Tabela 6.4 a distribuição dos valores. A quarta semana de março tem um valor bastante elevado, que deverá ser desembolsado pela organização para pagamento de alguns fornecedores. Melhor seria se a negociação do prazo de pagamento fosse estendida para outros meses de valores menores.

Um fluxo de caixa bem-feito facilita muito a aprovação, mas ainda falta a comprovação de retorno dos investimentos, uma questão bastante polêmica na área de comunicação.

Avaliação

A comprovação do retorno dos investimentos na área de comunicação se dará pelos resultados esperados. Assim, o desenvolvimento de técnicas de avaliação é necessário para identificar os resultados dos planos. O ponto de partida para a avaliação é o resgate dos objetivos de cada ação específica. Se há objetivo, há como esperar um resultado; se há resultado, há como mensurá-lo. Assim, é possível estruturar uma tabela.

O mecanismo de avaliação deve conter as ações, os objetivos, os indicadores de sucesso e os instrumentos de mensuração do plano (Tabela 6.5).

Os indicadores de sucesso podem ser estabelecidos considerando os recursos da organização, a concorrência, a tecnologia e tantos outros fatores quantos necessários. Faça um exercício e preencha a coluna desses indicadores.

Para que o planejamento dê resultados positivos, é preciso um acompanhamento periódico, acertando, se for o caso, o curso das ações. Os indicadores de sucesso o auxiliarão a realizar essa tarefa.

Tabela 6.4 Exemplo de fluxo de caixa

Fluxo de caixa — lançamento de produto para revenda																									
		Janeiro				Fevereiro				Março				Abril				Maio				Junho			
Ações	**Valor**																								
Locação de espaço	20.000,00					10.000				10.000															
Iluminação	15.000,00										5.000				10.000										
Decoração	10.000,00																	10.000							
Cenários	15.000,00									5.000					5.000				5.000						
Equipamentos	12.000,00														12.000										
Buffet	35.000,00												10.000				25.000								
Bebidas	10.000,00												10.000												
Recepcionistas	8.000,00																	8.000							
Broadside	18.000,00									9.000				9.000											
VIPs	20.000,00												20.000												
Segurança	20.000,00												10.000					10.000							
Redes sociais	50.000,00														5.000										
Convites	3.500,00												3.500												
Imprensa	0																								
Valet parking	5.000,00																	5.000							
Material promocional	3.500,00												3.500												
Brindes	8.500,00											3.500							5.000						
Outros	0																								
Total	**253.500,00**					**10.000**				**24.000**	**5.000**	**3.500**	**57.000**	**9.000**	**32.000**		**25.000**	**33.000**	**10.000**						

Tabela 6.5 Exemplo de avaliação

Ação	Objetivo	Indicadores de sucesso	Instrumentos de mensuração
Programa de motivação para a área de vendas	Melhorar a performance de vendas e de relacionamento		Pesquisa com revendas (entrevista pessoal)
Campanhas de incentivo	Aumentar as vendas em x%		Relatório de vendas
Convenção	Percepção e adesão da política empresarial		Análise comportamental (observação)
Visitas técnicas para B2B	Imagem de marca Fidelização		Relatório de vendas Pesquisa de *share of mind*
Megaevento	Melhorar a imagem de marca (+ 5% de *share of mind*) e público estimado em 50 mil pessoas		Pesquisa de *share of mind* Bilheteria
Marketing de relacionamento/redes sociais	Diminuir custos por clientes (5%) e fidelização		Planilhas de custos Relatório de vendas
Campanhas	Utilizar o produto mais vezes (de três para cinco vezes ao mês)		Relatório de vendas Pesquisa com o consumidor
Assessoria de imprensa	Informação sobre novos usos do produto		*Clipping* Pesquisa com o consumidor

O planejamento da comunicação mercadológica está pronto. Uma vez aprovado, o passo seguinte é colocá-lo em prática. Observe que esse planejamento envolve colaboradores da organização e terceiros, como agências de comunicação. Reunir as pessoas e as empresas envolvidas e apresentar o planejamento é o começo de outra etapa.

Uma das empresas que pode e deve ser envolvida no planejamento é a agência de comunicação. Para atribuir-lhe tarefas, é preciso preparar um *briefing*, assunto do próximo capítulo.

Resumo

Existem várias opções para o gestor da comunicação definir a verba de comunicação. O método mais utilizado é o emprego de um percentual sobre as vendas estimadas. Esse método não considera os objetivos de comunicação, pois, no caso de uma queda inesperada nas vendas, a verba será reduzida, comprometendo o planejamento da comunicação. O ideal seria trabalhar com o método objetivo/tarefas, que, apesar de demandar tempo, considera as ações necessárias.

Todo planejamento requer um orçamento ou *budget*. Para tanto, é preciso descrever as ações e fazer um levantamento de custos detalhado, incluindo a programação de pagamento a fornecedores.

Antes de colocar o planejamento em prática, é necessário, ainda, desenvolver as técnicas de avaliação, que serão feitas de acordo com os objetivos de cada ação e os indicadores de sucesso previamente determinados. Terminado o planejamento, recomenda-se reunir todos os envolvidos nas ações para apresentá-lo, quando então tem início outra fase.

Questões para revisão e discussão

1. Faça uma pequena pesquisa com executivos e verifique qual método utilizam para definir a verba de comunicação das empresas em que trabalham. Discuta com eles os pontos positivos e negativos. Em seguida, reúna seus colegas para uma discussão.
2. Desenvolva com seus colegas quatro ações de comunicação, com seus respectivos *budgets* e plano de ação/cronograma.
3. Estabeleça critérios para avaliação com base em suas ações de comunicação definidas na questão anterior. Não se esqueça de desenvolver os indicadores de sucesso.

Referências

[1] LUPETTI, Marcélia. *Administração em publicidade*. 2. reimp. São Paulo: Thomson, 2006. p. 141.

[2] KOTLER, Philip; KELLER, Kevin Lane. *Administração de marketing*. 12. ed. São Paulo: Pearson Prentice Hall, 2006. p. 550.

CAPÍTULO 7

Briefing

Esquema

A utopia de um *briefing* clássico completo
- A empresa e os produtos
- A força de vendas e a distribuição dos produtos
  - Força de vendas...
  - Distribuição...
- O mercado
  - Mercado...
- O consumidor e o público-alvo
- Tema
- Comunicação e pesquisas realizadas
- Objetivos da empresa quanto ao produto
  - Objetivos e metas...
- Objetivos de comunicação
  - Objetivos de comunicação...
- Verba
- Problemas
  - Problemas...
- Outras informações

Um *briefing* prático
- Fato principal
- Problemas que devem ser resolvidos
- Público-alvo
- Concorrentes
- Objetivos de comunicação
- Tema
- Obrigatoriedades e limitações
- Compromissos do cliente
- Verba

Objetivos

Ao término do capítulo, o leitor deverá ser capaz de:

➔ Identificar quais são os pontos que um publicitário deve conhecer da empresa anunciante.

➔ Explicar por que os objetivos da empresa quanto ao produto são importantes na elaboração de uma campanha publicitária.

➔ Identificar a diferença entre consumidor e público-alvo.

➔ Definir alguns objetivos de comunicação.

➔ Identificar os elementos que compõem um *briefing* prático.

➔ Explicar a diferença entre um *briefing* clássico completo e um *briefing* prático.

➔ Realizar um *briefing* para uma agência de comunicação.

Para os profissionais mais experientes na área, o *briefing* é apenas um levantamento de informações para orientar o planejamento de comunicação mercadológica. Há que considerar que um *briefing* bem-feito pode auxiliar não apenas o principiante, mas também o publicitário experiente, uma vez que serve como guia para o desenvolvimento do planejamento de campanha mercadológica, tanto na organização quanto nas agências de comunicação.

> ***Briefing***
> É o levantamento de informações contendo as diversas instruções que o cliente fornece à agência para orientar seu trabalho de planejamento.

Chama-se *briefing* o levantamento de todas as informações pertinentes à empresa e ao produto que se pretende divulgar. Ele deve ser elaborado pela organização anunciante, com detalhes, para orientar o trabalho de planejamento de comunicação mercadológica. Em geral, as empresas fornecem poucos dados e, nesse caso, é obrigação da agência realizar um levantamento mais aprofundado de informações. Em outras palavras, o *briefing* deve conter todas as informações relevantes sobre o produto, a empresa, a concorrência e o mercado. Essas informações devem ser precisas.

Ocorre que, muitas vezes, os responsáveis pela confecção do *briefing* não sabem exatamente quais informações são necessárias. Por um lado, o anunciante chama a agência de comunicação e solicita algumas ações de comunicação, como, por exemplo, uma campanha para determinado produto. E quais informações são necessárias para realizar a campanha? Por outro, a agência precisa saber o que o anunciante quer. O que perguntar? Fazer simplesmente uma campanha é pouco para obter o resultado pretendido. O que o anunciante quer como resultado? Quer, por exemplo, que sua marca seja altamente reconhecida? Quer aumentar as vendas do produto? Quer combater a concorrência? Quer informar os benefícios de um produto?

A empresa anunciante é que deve preparar o *briefing*. Caso isso não aconteça, a agência de comunicação, por meio de seu atendimento, tentará levantar as informações necessárias.

Muitas informações são consideradas confidenciais pelas empresas anunciantes, principalmente as que se referem aos objetivos de marketing; no entanto, devem considerar parceiras, e não inimigas, as agências com as quais trabalham. Se houver vazamento de informações, todos serão prejudicados – tanto a empresa anunciante quanto a agência, que provavelmente perderá a conta. Partindo da premissa de que nenhuma agência quer perder cliente, não há por que não a informar dos objetivos da organização.

A utopia de um *briefing* clássico completo

Um *briefing* clássico completo é praticamente uma utopia. Ele não é praticado nem por agências de comunicação nem por empresas de grande porte habituadas a informar todos os detalhes aos parceiros de comunicação. É, no entanto, uma fonte de informação importantíssima para a compreensão do funcionamento da empresa. É uma ferramenta que deve ser trabalhada quando a empresa anunciante contrata uma nova agência ou quando a agência ganha um cliente novo.

Muitos gestores da comunicação, estejam eles nas organizações ou nas agências, consideram o *briefing* clássico completo "coisa acadêmica" ou "*briefing* de faculdade". E eles têm razão, mas muitos não sabem o que contém um *briefing* completo.

O *briefing* clássico completo, portanto, deve ser entendido como ferramenta de trabalho dos gestores da comunicação e como instrumento de conhecimento aos publicitários que pretendem crescer no mercado. Conhecer o comportamento das empresas, sua política de ação, seus limites e sua filosofia fazem parte desse *briefing*.

A empresa e os produtos

A empresa e os produtos:

- missão;
- histórico;
- linha de produtos;
- ciclo de vida;
- características;
- diferenciais;
- frequência de uso;
- imagem de marca.

Muitas empresas não possuem uma missão definida, nem visão, princípios ou valores. Outras, sim. Missão é a razão de ser da empresa. Missão, visão, princípios e valores auxiliam os parceiros e colaboradores das organizações na tomada de decisões, quando eles têm alguma dúvida. Descreva a missão, a visão e os princípios e valores. Se a empresa não os possui, é hora de criá-los.

Algumas organizações não têm documentos sobre sua origem. Um levantamento histórico sobre como a empresa foi fundada, por quais transformações passou, que alianças fez e em qual estágio se encontra pode dar credibilidade a um comercial, por exemplo. É também importante incluir no *briefing* eventuais problemas pelos quais a organização passou. Esse procedimento evita especulações.

Relacione a linha de produtos da empresa e a periodicidade com que faz novos lançamentos. Essa é uma informação que demonstrará o grau de avanço, sua tecnologia e preocupação da empresa com o mercado. Essas informações também demonstrarão que importância a empresa dá a cada produto.

Descreva o histórico do produto, assim como seu ciclo de vida. Há quanto tempo está no mercado e qual a tendência em relação à sua permanência? Cite que percentual ele representa no faturamento da empresa.

Todo produto tem uma marca e características físicas e/ou químicas, bem como tipo de embalagem, tamanho, modelo, cor, fragrância, sabor etc. Além de descrever o produto, identifique a que categoria ele pertence, ou seja, se é um bem de consumo de massa, um bem industrial ou um serviço. Pode ser também um produto de bem de compra comparada, de compra especial ou de conveniência. A categoria à qual o produto pertence dará indícios do esforço e da frequência com que o cliente o compra.

As características físicas, a categoria à qual pertence, as vantagens e desvantagens que o produto oferece nos possibilita compará-lo ao concorrente e assim detectar os pontos a serem trabalhados no planejamento. Além disso, alguns produtos têm forma de uso específico, enquanto outros não. Nos casos em que o uso é determinado, é preciso descrevê-lo. Exemplo disso pode ser um produto cuja utilização dependa da mistura com água, ou, ainda, produtos como bens industriais que dependam de outros componentes.

Outro fator a ser mencionado é a frequência de uso do produto, que nem sempre é conhecida pelo anunciante. É necessário saber quantos produtos o consumidor compra e em que período de tempo. Essa informação poderá auxiliar na elaboração de uma campanha que incentive o uso do produto mais assiduamente. Faça uma reflexão e tente responder à pergunta: de quanto em quanto tempo você troca sua escova de dentes?

A capacidade de produção e de sua ampliação é um assunto normalmente não informado pelo anunciante, que alega ser essa uma informação confidencial. Esse dado, aliado ao mapa de vendas da empresa, poderá orientar a agência sobre quando reforçar uma veiculação ou até mesmo suspendê-la.

Se a empresa não tiver capacidade de produção para atender ao público diante do resultado proporcionado pela comunicação, é melhor retirá-la do ar, pois do contrário a imagem do produto poderá ser afetada.

A imagem do produto também deve ser analisada. O que o mercado e as pessoas pensam sobre ele? Qual é seu atual posicionamento? Um produto único no mercado pode gozar de boa imagem por não ter concorrentes, mas o consumidor pode ter certas restrições em relação a ele.

A força de vendas e a distribuição dos produtos

Por que é importante que a agência conheça a força de vendas da empresa anunciante? Saber quantos vendedores a organização tem e onde atuam é fator primordial para uma agência que pretende desenvolver uma mídia eficaz, ou até mesmo realizar uma campanha com os vendedores, incentivando as vendas.

Por vezes, uma empresa chama uma agência de comunicação solicitando ajuda para aumentar suas vendas. No entanto, o problema nem sempre está no mercado ou no consumidor, mas pode estar no fator desânimo dos vendedores ou na má distribuição dos produtos nos pontos de venda. Nesses casos, a campanha muda seu foco do consumidor para incentivar os vendedores da empresa, os lojistas, ou até mesmo para preparar uma comunicação visual para o ponto de venda.

Um dos problemas enfrentados pelas empresas com seus vendedores refere-se ao preço dos produtos. Sempre, para estes, o produto é caro. Do mesmo modo como os gestores das empresas devem participar seus funcionários do porquê um produto tem um custo X, também assim deve explicar à agência de comunicação. Tal procedimento auxiliará na elaboração de anúncios ou comerciais em que o preço do produto deve ser relegado a segundo plano em função de diferenciais ou até mesmo do seu desempenho. É preciso lembrar que o consumidor não compra produtos; compra resultados. Um consumidor não quer, necessariamente, um telefone celular, mas, sim, resolver seus problemas com maior agilidade e facilidade.

Força de vendas e distribuição do produto:

- número de vendedores;
- região de atuação;
- preços praticados;
- tipo de estabelecimento em que se encontra o produto;
- concorrentes;
- como o produto é exposto no ponto de venda.

É recomendável que o anunciante forneça à agência a relação de preços de seus produtos, bem como a dos produtos concorrentes. Uma tabela comparativa dos diferenciais do produto e de preços mostrará os pontos positivos e negativos de cada produto/empresa. É preciso tomar certos cuidados com o critério para essa comparação. As unidades de medidas devem ser as mesmas; por exemplo, um pote de geleia pode variar de tamanho de fabricante para fabricante. Assim, não se pode comparar a marca X, que tem 250g, com a marca Y, que oferece 300g, pois certamente o preço será diferente. Nesse caso, deve-se calcular o preço por grama ou quilo.

É, portanto, importante que a agência de comunicação conheça a força de vendas da empresa, principalmente a aplicada ao produto. Quantos vendedores estão envolvidos nesta venda e como se distribuem? Que preços são praticados ao consumidor final? Qual política de preços a empresa pratica com esse produto? E as concorrentes? Lembre-se de que você precisa conhecer ou relembrar certos conceitos.

O conhecimento do canal de distribuição utilizado pelas empresas e pela concorrência é muito importante para detectar o grau de cobertura e penetração de determinado produto, bem como a velocidade do fluxo nas diversas etapas da distribuição.

A campanha publicitária pode ser mais bem elaborada se o publicitário souber onde o produto é vendido – nacional, regional ou localmente –, em que estabelecimentos está presente – supermercados, butiques, magazines, postos de gasolina etc. –, e em que tipo de loja – popular, grande ou pequena –, e qualquer outra característica que venha a ser relevante.

O conhecimento do ponto de venda e a maneira como o produto é exposto vão ajudar na criação de peças mais adequadas, na definição dos veículos de comunicação ou na elaboração de um planejamento de campanha mais eficiente.

Força de vendas...

Algumas perguntas facilitam a descrição de informações sobre a força de vendas aplicada ao produto. Tente respondê-las.

- Quantos vendedores estão envolvidos na venda do produto?
- Como eles estão distribuídos na região?
- Que incentivo lhes é dado?
- Que preços são praticados ao consumidor final?
- Que preços são aplicados pelos concorrentes?

- Qual é a política de preços que a empresa pratica com esse produto?
- E os concorrentes?

Distribuição...
Algumas perguntas sobre a distribuição dos produtos poderão ser úteis ao anunciante e à agência de comunicação. Faça um teste. Você consegue responder a todas?

- Onde o produto é distribuído?
- Qual é o percentual distribuído por região?
- Quais são os canais utilizados?
- Quantos são?
- Qual é a porcentagem de participação de cada canal?
- Quantos são os pontos de venda?

Definidos o número de pontos de venda, quais os canais utilizados e onde são distribuídos os produtos, pode-se determinar a quantidade de material promocional a ser confeccionada.

O mercado

Pode-se definir mercado como a procura conjunta de compradores potenciais de um determinado produto ou serviço. Como a demanda de um produto ou serviço, ou, ainda, as pessoas com necessidades a serem satisfeitas, com dinheiro para gastar e vontade de gastá-lo. Enfim, há várias maneiras de definir um mercado, todavia, o mais importante é conhecer sua dimensão.

A dimensão de um mercado pode ser medida quanto ao seu valor em moeda, quanto à quantidade de consumo físico (unidades, toneladas, barris, caixas etc.) e quanto ao número total de pessoas, famílias ou empresas com certas características para adquirir o produto ou serviço. A variável tempo é sempre considerada, pois os valores ou as quantidades consumidas precisam se referir a determinado momento. Em geral, esse tempo é determinado como um ano.

Quando se dimensiona um mercado específico, avalia-se seu potencial. É fácil deduzir que um mercado com grande potencial oferece maiores possibilidades de retorno do investimento, permitindo que a empresa decida

Mercado
A evolução e o *share* de mercado devem ser estudados quanto à empresa e ao produto.

se compensa participar dessa oportunidade e em que nível.

Ninguém melhor que a empresa para informar à agência como funciona o mecanismo de mercado. Essa afirmação seria preciosa se todas as organizações realmente conhecessem o mercado em que atuam. Existe, no entanto, um problema bastante sério quando se pretende levantar esse tipo de informação.

Muitos gestores, ao ser questionados sobre como funciona o mercado em que atuam, respondem que seus produtos são os melhores em função da qualidade e do preço, fatores evidenciados pelos anunciantes. Afirmam, ainda, que os concorrentes são muitos, porém nenhum com potencial igual ao seu. Outras vezes, confirmam que sua posição no mercado é de liderança, ou que, pelo menos, estão entre os cinco primeiros. Essas respostas, evidentemente, não são esclarecedoras.

A empresa anunciante deve buscar essas informações e conhecer efetivamente como o mercado funciona para transmitir os detalhes à agência. O mercado deve ser estudado quanto à empresa e ao produto.

Quanto à empresa: É importante descrever a evolução da empresa no mercado, seja em faturamento, seja em unidades vendidas, pelo menos nos últimos três anos. É bastante comum utilizar o gráfico de barras para demonstração da evolução da empresa.

O gráfico de evolução da empresa no mercado (Figura 7.1) possibilitará a leitura do crescimento ou não da organização de acordo com seus objetivos. O crescimento ou a retração de vendas sempre tem um motivo, e conhecê-lo pode auxiliar a agência no desenvolvimento de uma campanha.

Outro ponto a ser abordado é o *share* de mercado – participação de mercado – de cada empresa (Figura 7.2). Isso implica demonstrá-lo em um gráfico tipo pizza.

Esse gráfico, além de demonstrar a participação das empresas no mercado, permite a comparação dos diversos concorrentes que atuam no segmento. Observe que cada empresa do gráfico tem participação significativa. Se somarmos os percentuais de participação da empresa líder (31%) com os da vice-líder (24%) e os da terceira colocada (23%), obteremos uma fatia de mercado da ordem de 78%, o que representa muito mais da metade do mercado.

Figura 7.1 Evolução da empresa no mercado.

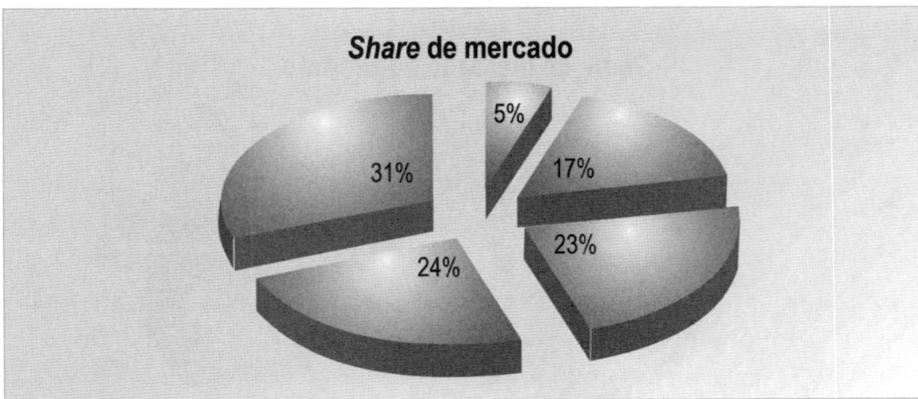

Figura 7.2 Participação das empresas no mercado.

Quanto ao produto: É importante saber há quanto tempo o produto está no mercado e como se comportaram suas vendas durante o período de pelo menos três anos. Saber se o mercado está crescendo (Figura 7.3), se permanece estável ou decrescendo em relação ao produto estudado, bem como em relação às suas tendências, auxiliarão a definição do teor do planejamento da campanha.

O motivo pelo qual se deve descrever a evolução do produto e seu *share* (Figura 7.4) é o mesmo citado no estudo da evolução do mercado,

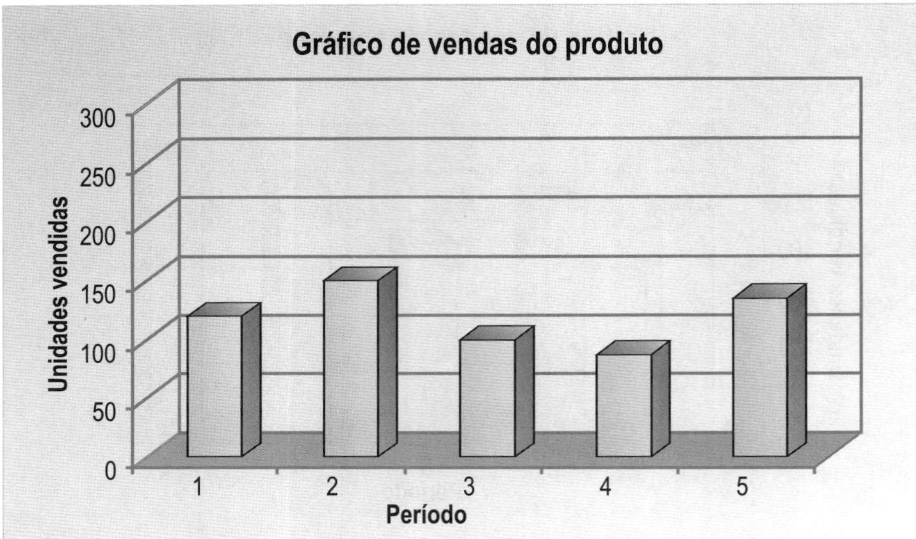

Figura 7.3 Evolução de um produto no mercado.

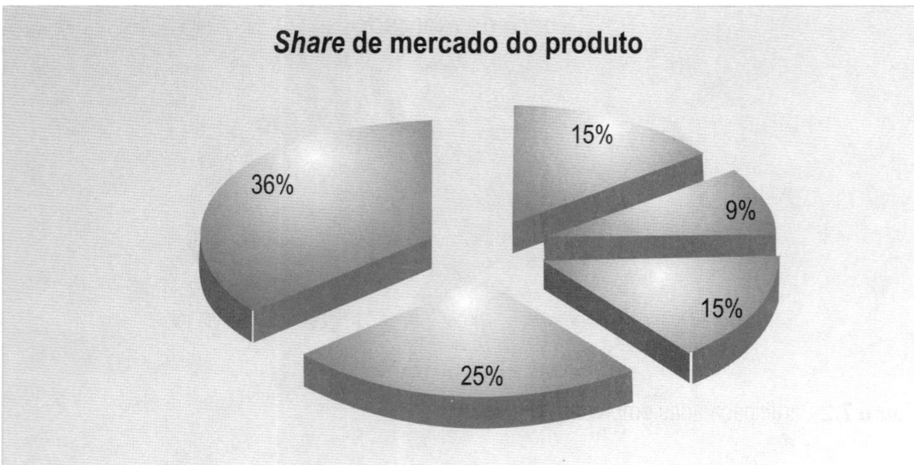

Figura 7.4 Participação do produto no mercado.

ou seja, possibilitará a leitura do crescimento ou não do produto no mercado. Tal conhecimento poderá resultar nas seguintes questões: será que a queda de vendas desse produto em determinado ano foi decorrente da crise de mercado ou de problemas ocorridos com a empresa? Será que a concorrência lançou um produto superior nesse período? Qual é a participação de mercado desse produto em relação a seus concorrentes?

Mercado...

As respostas às questões a seguir auxiliarão o gestor da comunicação a compreender melhor o mercado. Você consegue responder a todas?

- Qual é o tamanho do mercado (valores expressos em volume e em moeda)?
- Quanto se vende nesse mercado anualmente (em volume)?
- Quais são as taxas de crescimento esperadas e em quanto tempo?
- Qual é o mercado potencial?
- Qual é a evolução do produto, em volume, nos últimos três anos?
- Qual é o *share* de mercado do produto diante dos seus concorrentes?

As empresas estão empenhadas em uma verdadeira batalha por melhor participação de mercado. É fundamental que se conheçam as atividades da concorrência para poder planejar as ações de ataque ou defesa.

É conveniente que essa análise seja feita não apenas sobre o produto ou serviço, mas também sobre as empresas do mercado. Se soubermos com quem estamos competindo, se conhecermos seus recursos, sua agilidade, sua capacidade de reação, poderemos nos preparar melhor para a batalha.

A análise da concorrência deve ser feita observando-se todas as características citadas para o produto com o qual se está trabalhando. Descrever profundamente quem são os principais concorrentes, os produtos e os fabricantes e quais são seus pontos positivos e negativos, suas vantagens e desvantagens proporcionará ao gestor da comunicação e à agência um estudo de diferenciais, beneficiando, assim, os aspectos relevantes do produto.

O consumidor e o público-alvo

De nada adianta fazer uma boa campanha publicitária se você não sabe para quem venderá. Quanto mais você conhecer o público a quem se destina seu produto, mais chance terá de atingi-lo e, portanto, de ser bem-sucedido em seu planejamento. O anunciante que afirma que quer atingir todo mundo nunca atingirá seu alvo. Quem quer falar para todos não fala para ninguém.

É comum as empresas afirmarem que seus produtos se destinam às pessoas com mais de 20 anos de idade, pertencentes às classes sociais A, B e C. Ou seja, não fazem distinção entre consumidores e público-alvo, e essa é uma confusão corriqueira, porém grave.

O público-alvo é aquele que a empresa tem em mente para ser trabalhado, que foi detectado ao longo de uma pesquisa. É para ele que o produto foi criado. Por um lado, esse público pertence a uma classe social específica, ou, no mínimo, está classificado entre duas, por exemplo, B e C, em uma classificação A, B, C, D e E. Por outro, esse público tem idade compreendida numa faixa etária que não deve ultrapassar cinco anos; por exemplo, entre 20 e 25. Esse raciocínio explica-se quando se analisam as atitudes, os hábitos e os costumes de um grupo de pessoas cuja faixa etária não ultrapasse esse intervalo. Pense em crianças de 5 a 10 anos. Descreva suas atitudes, por exemplo, no modo de se vestir. Pense agora em adolescentes de 10 a 15 anos. Compare com jovens de 15 a 20 anos. Será que o comportamento das crianças, dos adolescentes e dos jovens é o mesmo? Será que frequentam as mesmas redes sociais, os mesmos blogs, as mesmas comunidades? São conectados? São formadores de opinião ou apenas seguidores?

Sem dúvida, o comportamento das pessoas muda de tempos em tempos. É por essa razão que não se pode generalizar um público-alvo, por exemplo, com mais de 20 anos.

Agora, diferente do público-alvo é o consumidor. Como o próprio nome diz, este é quem consome, independente de classe social, idade, raça, credo ou cor. É muito fácil esclarecer essa confusão quando se toma como referência um produto como o tênis em duas situações: primeira, um garoto, classe D, com 14 anos de idade, que junta todos os seus trocados para comprar um tênis da marca Nike; segunda, um executivo na faixa etária compreendida entre 40 e 45 anos.

Nesse contexto, o anunciante que afirma que seu produto é destinado às pessoas com mais de 20 anos, pertencentes às classes sociais A, B e C, está identificando seus consumidores. É preciso identificar clara e detalhadamente seu público.

Se seu público-alvo for pessoas entre 15 e 20 anos, da classe B e que gostam de esporte, observa-se que os jovens com menos de 15 anos ficarão tentados a usar o mesmo tênis que os jovens mais velhos usam – e aqui se inclui o exemplo do garoto. É uma questão de identificação com seu futuro. Já os mais velhos – no exemplo do executivo na faixa etária compreendida entre 40 e 45 anos – se sentirão mais jovens usando o mesmo produto e a mesma marca que os adolescentes.

Responder a perguntas como quem é seu público-alvo e quais são seus hábitos e atitudes não é uma tarefa fácil; todavia, se não soubermos quem deve receber a mensagem publicitária, como poderemos criá-la e divulgá-la?

É preciso uma análise cuidadosa e clareza na definição do público-alvo para direcionar todas as ações de comunicação.

Lembre-se de que você precisa conhecer ou relembrar certos conceitos. Veja no Capítulo 3, "Stakeholders – objetivos – tema" a definição de *stakeholders*.

Tema

É função do gestor da comunicação a criação de um tema para que haja integração da comunicação entre os diversos *stakeholders*. Se a organização já possui um tema central, este pode ser explorado; caso contrário, solicite à sua agência para criar um. Lembre-se de que o tema da empresa não deve ser confundido com conceito ou mote de campanha.

Comunicação e pesquisas realizadas

Prevenir acidentes é dever de todos! Essa é uma premissa da qual o gestor não deve se esquecer. Descrever ou anexar as últimas campanhas da organização realizadas por outras agências e descrever ou anexar as campanhas dos concorrentes é uma condição *sine qua non*.

Já é sabido e muito divulgado no meio publicitário que duas pessoas em lugares distintos, sem contato uma com a outra, podem ter a mesma ideia de criação na elaboração de uma campanha publicitária ou de um nome para determinado produto ou empresa. É o caso da Apple Computer Inc. – empresa de informática norte-americana – e da Apple – gravadora dos Beatles na Inglaterra. Evitar que sua agência crie campanhas semelhantes a outras já realizadas é fundamental. Pesquisar, portanto, é uma arma disponível para aqueles que pretendem fazer uma boa campanha.

Nem todas as empresas anunciantes dispõem de verba para pesquisa quando realizam ações de comunicação. Recorra a pesquisas existentes e peça a colaboração de sua agência para isso. Caso a empresa realize pesquisas, é preciso descrever no *briefing* os principais resultados.

Objetivos da empresa quanto ao produto

Os objetivos organizacionais retratam os rumos da empresa, para os quais vão convergir todos os esforços. É uma condição necessária à sobrevivência da empresa e/ou do produto e às atividades econômicas satisfatórias. Lucratividade é a base lógica da organização, e não o seu objetivo.

Sob essa ótica, seria necessário descrever todos os objetivos da organização. É sabido que nenhuma empresa revelaria todos os seus objetivos. Pensar assim é utopia. Pensar em descrever todos os objetivos gerais de marketing também o é. Portanto, o que se propõe aqui é descrever os objetivos da empresa quanto ao produto a ser trabalhado.

Os objetivos de marketing ou de mercado são muito complexos e envolvem o mix de marketing da organização, ou seja, o produto, a comunicação, o preço e a distribuição. Aqui, o que interessa descrever é o que a empresa quer em relação ao produto: ela deseja incrementar as vendas? Quer abrir um novo mercado? Quer abrir novos canais de distribuição para o produto?

É muito importante entender os objetivos do produto inseridos no plano da organização; portanto, não é um dado isolado a ser considerado, mas parte da filosofia da empresa.

Outro dado relevante é descrever as metas que envolvem determinado produto, que devem ser estabelecidas em termos mensuráveis – valor absoluto e percentuais –, em determinado espaço de tempo. Por exemplo: Colocar um produto X na região central do Brasil pode ter como meta a conquista de 10% do mercado, em um prazo de dois anos, atingindo nesse período um faturamento de R$ 50 milhões.

Nem sempre as empresas revelam sua pretensão de faturamento, e essa omissão é, de certa forma, compreensível. Por vezes, revelam a meta, sem, no entanto, revelar o tamanho do mercado. E aí, caro leitor, faz-se necessária uma pergunta: no exemplo citado, a empresa quer atingir 10% do quê? Dez por cento de um mercado que consome quantas unidades por ano?

Objetivos e metas...

A definição clara dos objetivos e metas da empresa e de suas prioridades auxiliará na elaboração das ações de comunicação.

A seguir, veja alguns objetivos e metas em relação ao produto:

- expandir o mercado do produto na região Z, conquistando no prazo de um ano 5% de participação de mercado;
- buscar a liderança, aumentando as vendas em 10%, ou seja, passando das atuais 10 mil peças vendidas para 11 mil, em um ano;

- aumentar a participação de mercado em 2%, em três anos;
- manter a atual participação, com a retirada de um produto do mercado, no prazo de X anos.

Objetivos de comunicação

Este tópico parece ser o mais fácil. Por ser fácil, causa preocupação. Muitos gestores, quando questionados sobre quais são os objetivos de comunicação de determinada ação, respondem no ato: "Queremos lançar o produto"; ou "Vender, vender, vender"; ou, ainda, esperam que, com a campanha, consigam cumprir suas metas de imediato. Por um lado, esses profissionais se esquecem de que o resultado de uma ação de comunicação depende de vários fatores associados ao marketing como um todo. Por outro, não deixam claro os objetivos de comunicação.

Esses objetivos devem ser fixados pelo gestor, levando em conta vários elementos, como: conhecer bem o produto, seu público-alvo, o mecanismo do mercado, a equipe de vendas, a política comercial, a capacidade de produção, a reação da concorrência, as fraquezas da empresa etc. Se a empresa explicar claramente à agência seus objetivos de comunicação, poderá cobrar os resultados no final da ação. Daí a responsabilidade da agência em desenvolver uma ação capaz de atingir os objetivos dos anunciantes.

Os objetivos de comunicação dizem respeito à divulgação, seja evidenciando os benefícios do produto, destacando a marca ou informando uma promoção e convidando o consumidor a dela participar. Podem, ainda, combater a concorrência, informar o intermediário, incentivar o consumidor a provar determinado produto ou, ainda, incentivá-lo a trocar o que usa habitualmente pelo produto ora anunciado.

> **Objetivos de comunicação**
> Dependem do que a empresa quer comunicar, levando em conta os objetivos de marketing e, por consequência, os objetivos organizacionais da empresa.

Os objetivos de comunicação não são preestabelecidos. Dependem do que a empresa quer comunicar, levando em conta os objetivos de marketing e, por consequência, os objetivos organizacionais da empresa.

Além de conhecer os objetivos de comunicação, o publicitário e o gestor da comunicação devem ter em mente os diferenciais do produto, se existirem, o posicionamento que ocupa na mente das pessoas, os termos que não devem ser mencionados e os pontos a serem evidenciados para facilitar a realização da ação.

Objetivos de comunicação...

A definição dos objetivos de comunicação facilitará a realização do planejamento, bem como possibilitará ao anunciante elementos de cobrança dos resultados da campanha. O que você quer comunicar a seu público em relação ao seu produto?

- Evidenciar a marca?
- Que o consumidor consuma o produto mais vezes?
- Comunicar um novo ponto de venda?
- Informar que seu produto é melhor que o do concorrente?
- Que o consumidor experimente o produto?
- Informar alguma característica importante?
- Quer posicionar o produto?

Verba

Um dos últimos pontos a ser descritos no *briefing* é a verba com a qual a agência trabalhará. O gestor da comunicação informa a verba de comunicação para a ação desejada.

Acontece com empresas principiantes na área de comunicação solicitar uma campanha chamada "ideal". É preciso entender que uma campanha ideal pode ser realizada com verbas diferentes. Definir um valor para a comunicação não é tão simples. As empresas que estão iniciando suas atividades na área de comunicação, por vezes, não têm ideia de valores e se assustam quando se deparam com as tabelas dos veículos. Alguns gestores consideram a publicidade um "gasto", quando deveriam considerá-la um "investimento", que trará retorno não apenas financeiro, mas credibilidade de marca e imagem no mercado.

Diversos gestores definem a verba de comunicação em função de ações anteriores ou até mesmo do montante disponível no caixa da empresa. Esse não é o método mais recomendado. Existem várias opções para a empresa definir a verba de comunicação, como visto no Capítulo 6, "Itens para aprovação". Não podemos nos esquecer de que fazem parte dessa verba os investimentos realizados com eventos, assessoria de imprensa, patrocínios, materiais promocionais, além da própria campanha publicitária. Portanto, a definição do montante da verba, bem como seu controle, é função do gestor da comunicação.

Definida a verba de comunicação, é conveniente informar à agência se a empresa tem parceria com algum veículo. Em caso positivo, é necessário conhecer qual o tipo de parceria e quais os veículos envolvidos. É bastante comum uma empresa realizar permutas com veículos como jornais, revistas, emissoras de TV e outros. As organizações, por exemplo, cedem os equipamentos que os veículos necessitam e, em troca, estes cedem os espaços publicitários. Tais transações não envolvem a agência de comunicação, porém, é preciso conhecê-las para uma eventual programação de mídia, mesmo não computando na verba determinada pelo anunciante.

Problemas

O que é um problema? É o resultado de algo que você deixou de prever? Ou daquilo que você previu de maneira equivocada? É muito comum, tanto por parte da agência quanto do anunciante, considerar que o produto e/ou a empresa com a qual estão trabalhando não têm problemas. No entanto, o problema pode ser caracterizado por vários fatos, ou, ainda, pela falta de conhecimento destes. Pode ser, também, caracterizado por uma dúvida ou uma proposta duvidosa.

> **Problemas**
> Muitas vezes o problema se encontra na falta de informações. Portanto, é primordial listar os problemas antes de pensar em planejamento.

Nesse contexto, a pergunta comumente feita é: por que o produto não vende se tem preço adequado e é melhor que o da concorrência? Essa é uma questão muito ampla, e é preciso, por esse motivo, tentar descobrir qual é o problema.

Problemas...

Se o produto não vende, é preciso descobrir o porquê. Tente verificar se você tem uma resposta convincente para as questões a seguir.

- Para quem estou vendendo?
- Será que meu público-alvo está correto?
- O que o público pensa sobre meu produto?
- Qual é a diferença entre o meu produto e o do concorrente?

- Onde está meu público?
- Qual é a linguagem que ele utiliza?
- O produto exige mudança de comportamento do consumidor?

Esteja o problema onde estiver, seja ele qual for, é necessário identificá-lo claramente. Se não conhecermos muito bem nosso consumidor e seus hábitos, uma pesquisa mais profunda pode auxiliar em sua definição.

Às vezes, o problema não está relacionado à comunicação. O produto é bom, tem poucos concorrentes, mas não vende. Estará a concorrência realizando alguma ação para neutralizar meu produto?

Esses e outros tantos problemas podem ser elucidados ou orientados pela pesquisa. Quando a dúvida surgir, uma pesquisa se faz necessária para enriquecer os conhecimentos sobre o produto, sua imagem, seu público-alvo, seus hábitos, suas atitudes, entre outros dados.

Se você relacionar todos os problemas do seu produto, será mais fácil realizar a pesquisa que dará suporte ao planejamento. Entre em contato com algum instituto ou departamento de pesquisa e elabore um projeto nessa área que possa sanar todas as suas dúvidas.

Outras informações

As empresas estão sujeitas a restrições, normas e leis em relação a seus produtos. Portanto, é importante que a agência conheça as limitações em seu campo de trabalho. Um exemplo é a obrigação da menção de cuidados nas campanhas de bebidas alcoólicas, retratada pela maioria das indústrias cervejeiras como "beba com moderação".

Outras informações relevantes são os contratos diretos que os anunciantes têm, sejam eles patrocínios, placas em estádios poliesportivos ou mobiliário público. Alterar o layout de peças em função da nova campanha trará sinergia à comunicação.

Um *briefing* prático

O *briefing* clássico completo, entendido como instrumento de conhecimento, fundamentará o *briefing* prático, adotado quando já existe um conhecimento mútuo entre empresa anunciante e agência. Presume-se, portanto, que os publicitários das agências envolvidos com determinado produto conheçam bem o mercado de atuação do anunciante já cliente da agência. Desse modo, fica muito mais fácil e prático fazer um levantamento de informações, tanto para o gestor da comunicação como para o atendimento da agência de comunicação.

Quando a empresa solicita à agência uma ação de comunicação, as informações são transmitidas ao atendimento em uma conversa bastante informal. Em seguida, essa informalidade é registrada formalmente em documento denominado *briefing*. Não existe um documento-padrão e comum a todas as agências. Algumas criam um formulário, enquanto outras nem mesmo têm um. De qualquer modo, o gestor da comunicação deve se preparar para dar informações à agência. Mas o que contém esse documento a que chamamos *briefing* prático? Esse *briefing* inclui vários itens, como o fato principal, os problemas que devem ser resolvidos, o público, a concorrência, os objetivos, tema, as obrigatoriedades e limitações e os compromissos dos clientes.

Fato principal

O fato principal ou motivo pelo qual o anunciante chamou a agência deverá descrever as ações que serão realizadas. Por exemplo: lançamento de um produto, aniversário da empresa – campanha institucional, posicionamento de um produto, nova embalagem, combate à concorrência, informações aos consumidores, novas utilizações do produto, campanha de promoção etc.

Problemas que devem ser resolvidos

O gestor da comunicação deverá informar o que espera da agência, como, por exemplo, combater a concorrência com a comunicação e levar o consumidor ao ponto de venda para que ele compare os produtos.

Esse problema pode ser oriundo de um produto que está no mercado há algum tempo e, em determinado momento, o anunciante percebe que seu concorrente vem ganhando mercado por ter preço menor. O gestor pode, eventualmente, informar que não há como reduzir o preço do produto – pelo fato de o produto ser muito bom ou melhor que o do concorrente.

Por vezes, o gestor informa que precisa vender mais e que não sabe por que seu produto está com as vendas retraídas. Esse pode ser um problema que a agência deve tentar resolver, talvez com uma pesquisa.

Público-alvo

O gestor da comunicação deve informar qual é seu público-alvo e seu consumidor. Todos os detalhes que a empresa puder informar sobre seus clientes serão somados às futuras pesquisas da agência.

***Briefing* prático:**

- fato principal ou motivo da campanha;
- problemas que devem ser resolvidos;
- público-alvo;
- concorrência;
- objetivos de comunicação;
- tema;
- obrigatoriedades e limitações;
- compromissos do anunciante.

Concorrentes

Os concorrentes podem ser diretos ou indiretos. Informar quem são e quais são seus produtos é tarefa fácil. Mais difícil é detectar um diferencial na concorrência, sua reação a uma estratégia, ou até mesmo definir os concorrentes indiretos. Tente fazer isso.

Objetivos de comunicação

Como já citado, nem sempre as empresas anunciantes informam com clareza às agências seus objetivos de comunicação em relação ao fato principal. Se o gestor da comunicação quiser cobrar resultados da agência, deve descrevê-los detalhadamente para cada ação.

Tema

A comunicação tende a ser sinérgica quando existe um ponto de identificação ligando as diversas mensagens. Esse ponto de identificação é o tema. Quando a organização trabalha com a comunicação integrada – portanto, com diversos públicos –, recomenda-se a definição de um tema que interligará toda a comunicação. Nem sempre as empresas trabalham dessa maneira, deixando a critério da agência tal missão. O gestor da comunicação precisa informar o tema corporativo, se houver, ou deixar que a agência crie um.

Obrigatoriedades e limitações

Ninguém melhor que o anunciante para informar à agência quais são os pontos considerados obrigatórios e/ou limites de seu mercado de atuação. Para exemplificar, as companhias de cigarros são obrigadas por lei a informar que o cigarro causa danos à saúde. Os fabricantes de bebidas alcoólicas podem recomendar à agência certos cuidados nas peças publicitárias no que se refere à aparição de pessoas com copos na mão ou efetivamente ingerindo a bebida.

Compromissos do cliente

Os patrocínios, os luminosos, os painéis fixos não podem ser esquecidos. Esse tipo de comunicação demanda um contrato que, em geral, exclui a agência. É realizado diretamente entre o anunciante e os fornecedores ou patrocinados. Sempre que há um fato novo para comunicar, toda comunicação existente deve ter uma unidade. Portanto, é fundamental informar à agência sobre novos patrocínios, luminosos e painéis.

Outro tipo de compromisso do cliente refere-se a permutas com veículos. É importante informar à agência sobre negociações diretas que envolvam permutas.

Verba

O cliente deve informar a verba que será utilizada nas ações de comunicação e, se for o caso, distribuir percentuais para determinadas ações. As ações podem compreender, entre outros investimentos, material promocional, eventos, merchandising etc.

Além do *briefing*, recomenda-se entregar à agência algum material sobre os concorrentes, e isso é possível por meio de matérias publicadas em jornais, revistas etc., montando-se um *clipping*.

Pronto, o *briefing* está concluído. Agora, resta só aguardar a apresentação do trabalho da agência. Quando este for apresentado, tenha em mente o que foi solicitado para uma análise criteriosa. Algumas perguntas o ajudarão:

- O objetivo está retratado de forma clara?
- O posicionamento está correto?

- O tema foi incluído?
- A linguagem está adequada a seu público-alvo?

Uma vez aprovado, acompanhe o resultado das ações e boa sorte!

Resumo

Para a realização de uma boa campanha, alguns componentes são necessários. Um deles é o *briefing*, que pressupõe um levantamento de informações contendo diversas instruções que o cliente fornece à agência de comunicação para orientar seu trabalho de planejamento de uma campanha publicitária.

Há uma grande polêmica no mercado quando se trata da definição dos componentes de um *briefing*. Professores e acadêmicos da área de comunicação insistem no *briefing* clássico completo. Esse tipo é um instrumento de conhecimento do publicitário e do gestor da comunicação das empresas anunciantes.

Os gestores, de modo geral, não têm obrigação de conhecer as técnicas necessárias para a criação de estratégias publicitárias. Devem, no entanto, conhecer a importância de certas informações para a realização de boas ações.

Essas informações referem-se à empresa e aos produtos, à força de vendas e à distribuição dos produtos, ao mercado, ao consumidor e ao público-alvo, à comunicação e à pesquisa, aos objetivos da empresa quanto ao produto, aos objetivos de comunicação mercadológica, à verba e aos problemas.

Toda empresa tem um histórico, bem como produtos ou serviços. Descrever sua origem, seu ciclo de vida e as modificações pelas quais passou auxiliarão o desenvolvimento da campanha publicitária. Outros fatores também serão de grande ajuda, como a frequência de uso do produto, o preço, o posicionamento, a imagem de marca, os concorrentes e a capacidade de produção da empresa.

Nem sempre uma ação de comunicação se destina ao consumidor final. Muitas vezes, existe a necessidade de realizar uma campanha para a equipe de vendas da organização, ou, ainda, uma comunicação visual para o ponto de venda. Nesses casos, é fundamental que a agência conheça a política e a força de vendas da empresa, bem como a região em que atua. Seja o mercado de atuação nacional ou regional, é necessário conhecer os caminhos percorridos pelo produto, desde a saída da organização até a chegada ao ponto de venda.

Uma tarefa difícil para os gestores da comunicação e para a agência é conhecer o mercado de atuação a fundo. Dimensioná-lo torna-se fundamental diante das possíveis estratégias de comunicação que a agência pode desenvolver, combatendo a concorrência, por exemplo.

Avaliar a evolução do mercado, da empresa e dos produtos e descrever o *share* de mercado, da empresa e dos produtos podem resultar em tendências que fatalmente serão utilizadas no planejamento da campanha. A descrição do *share* de mercado, tanto da empresa quanto do produto, propicia o conhecimento da concorrência. Resta apenas descrever seus recursos, sua agilidade, sua capacidade de reação diante das investidas das organizações que compõem o mercado.

Conhecendo o mercado, conheceremos o consumidor. Como o próprio nome diz, este é aquele que consome qualquer produto ou serviço. Mais importante que o consumidor é conhecer o público-alvo.

A busca do público-alvo pode ser auxiliada por pesquisas. Há, no entanto, empresas que não destinam verbas a esse fim. Nesses casos, o recurso da busca por pesquisas existentes no mercado, realizadas para produtos semelhantes, é uma arma opcional.

É fundamental ao publicitário conhecer as campanhas anteriores do cliente anunciante, bem como as realizadas pelos concorrentes.

Muitas vezes confundido com os objetivos de mercado, os objetivos da empresa em relação ao produto a ser veiculado devem ser claros e condizentes aos objetivos organizacionais.

Definir uma meta implica realizar o objetivo em um determinado tempo. A meta é sempre quantitativa. Pode ser expressa em percentuais, em moeda, em quantidade ou unicamente em tempo de realização. Se a meta for definida em percentuais, é necessário explicitar sobre qual valor o percentual está sendo aplicado. Do contrário, não terá significado.

O objetivo de comunicação parece ser de fácil definição, no entanto, muitas vezes é confundido com os objetivos de vendas. Descrevê-lo de forma clara e objetiva auxiliará na realização das ações. A definição clara dos objetivos de comunicação evitará os chamados problemas obscuros.

É muito comum um anunciante considerar seu produto o melhor do mercado. E, por vezes, não entende por que ele não vende, se tem qualidade superior ao do concorrente e preço adequado. Esse tipo de consideração eleva o produto, ofuscando a visão dos gestores e até mesmo das agências, tornando a empresa e o produto quase perfeitos e, portanto, sem problemas.

Não existem empresas nem produtos sem problemas. O problema pode estar em qualquer lugar, na definição do público-alvo, na linguagem utilizada na mensagem, no produto ou mesmo na dúvida ou na falta de informação. Nesses casos, recorra sempre à pesquisa.

Se o anunciante e a agência conhecerem a importância dos pontos abordados no *briefing* clássico completo, o levantamento de informações se dará de forma natural no primeiro contato do atendimento com o futuro cliente.

Quando o anunciante conhece e domina o mercado e conhece sua agência, um levantamento de informações dessa ordem se torna descartável. O gestor da comunicação utiliza o que chamamos de *briefing* prático.

Esse *briefing* é composto por vários itens, e um deles é o fato principal, que resume por que o anunciante está solicitando os serviços da agência. Nesse momento, o gestor da comunicação deve deixar claro o que espera da agência e quais problemas devem ser resolvidos pela comunicação.

Para que os resultados sejam positivos, é imprescindível a definição do público-alvo. Quando os gestores da comunicação não tiverem certeza de seu público, devem recorrer às pesquisas, que também auxiliarão a aprofundar o conhecimento sobre os concorrentes, diretos ou indiretos.

Outras informações pertinentes, por vezes negligenciadas, dizem respeito às obrigatoriedades e limitações de alguns produtos, e até mesmo de algumas empresas. Nesses casos, as limitações são referenciadas pelas leis da propaganda.

As limitações e obrigações não influenciam na criação de uma campanha, que deve seguir uma unidade em todas as suas peças. O que rege essa unidade é o tema.

Não podemos nos esquecer dos compromissos da organização. Permutas, painéis, luminosos, patrocinadores e outros compromissos assumidos pela empresa nem sempre envolvem as agências. É preciso, no entanto, estar atento e solicitar à agência a criação de peças específicas para esses pontos de comunicação.

Por fim, o gestor da comunicação deve informar a verba que será investida nas ações solicitadas.

Questões para revisão e discussão

1. Explique quais são os pontos considerados importantes para enriquecer o conhecimento de um gestor da comunicação que atua em uma empresa anunciante e de um publicitário que atua em uma agência quando preparam um *briefing*.
2. Identifique pelo menos três problemas passíveis de ser encontrados quando os objetivos da empresa relacionados ao produto não estiverem claramente definidos.
3. Por que é mais importante conhecer o público-alvo que o consumidor?
4. Descreva os riscos que um gestor da comunicação correrá se os objetivos de comunicação não estiverem bem definidos.
5. Identifique os elementos que compõem o *briefing* prático.
6. Quando e para que o gestor da comunicação que atua em uma empresa anunciante deve realizar o *briefing* clássico completo?
7. Quando um cliente solicita ao atendimento material promocional para o ponto de venda, que informações a agência precisa ter?
8. Escolha uma empresa e um produto para fazer um exercício. Imagine que você deva transmitir um *briefing* a uma agência sobre o lançamento de um novo produto. Como seria esse *briefing*? Use a imaginação e crie um.
9. Selecione um anúncio ou um comercial e tente identificar o público-alvo, os objetivos e o tema. Faça isso em grupo. Discuta com seus colegas.
10. Na sua opinião, quais informações são necessárias para analisar um mercado?

CAPÍTULO 8

Case Bona Fructus

Esquema

Apresentação em slides

- Perfil da empresa
- Missão e visão

Objetivo

Ao término do capítulo, o leitor deverá ser capaz de:

→ Elaborar uma apresentação de planejamento da comunicação mercadológica.

Este capítulo tem como objetivo demonstrar uma apresentação de planejamento da comunicação mercadológica. Ele foi desenvolvido para fins didáticos, sem nenhuma pretensão; por isso, qualquer semelhança com a realidade é mera coincidência.

Os *slides* a seguir pressupõem uma apresentação para a diretoria de uma empresa – conhecedores do segmento. Para a compreensão do leitor, os *slides* serão intercalados com textos explicativos. Para sua diretoria, não se esqueça de apresentar um relatório impresso, contendo todos os detalhes e justificativas que um bom plano requer.

Perfil da empresa

LyonSweet Alimentos S.A. é uma empresa inglesa, estabelecida no Brasil há mais de dez anos, atuante no segmento de bebidas não alcoólicas, tendo como carro-chefe Bona Fructus, que compreende várias linhas:

- **Infantil:** sucos nos sabores chocolate, laranja e uva; destinado ao público infantil entre cinco e dez anos. Sua comunicação é dirigida às mães de 25 a 40 anos.

- **Adulta:** sucos nos sabores laranja, pêssego, manga, abacaxi, uva e açaí, nas versões originais e light. É ideal para toda a família, no café da manhã e almoço. Sua comunicação também é voltada às mães de 25 a 40 anos.

A empresa dispõe ainda de uma linha com sucos à base de soja, laranja e vitaminas, sem lactose e sem colesterol, destinada às pessoas mais exigentes e preocupadas com a saúde.

Sua sede localiza-se em Botucatu, interior de São Paulo, e sua área de atuação compreende as regiões centro-oeste, sul e sudeste.

Para o próximo ano, a empresa pretende ampliar sua área de atuação, abrangendo todo o território nacional. Para tanto, estabeleceu critérios bastante exigentes para a seleção de representantes, em um total de 25, que atuarão nas principais capitais brasileiras com exclusividade territorial.

Até o momento, a empresa investiu muito pouco em comunicação. Suas vendas estão crescendo em função do alto padrão de qualidade dos sucos e da comunicação boca a boca provocada pela assessoria de imprensa.

A empresa ainda desenvolve algumas ações com os revendedores, na maioria varejistas.

Os sucos Bona Fructus têm foco nas mulheres de 25 a 40 anos pertencentes às classes A e B. O perfil dessa consumidora é o da mulher casada que trabalha, cuja preocupação maior é o bem-estar e a saúde da família, e busca, portanto, praticidade e qualidade. É conectada, frequenta academia e faz ela mesma as compras de supermercado.

O mercado oferece mais de 150 marcas, muitas delas desconhecidas e de preço abaixo da média. São considerados concorrentes de Bona Fructus os *players* Suco Del Valle, Maguary e Su-Fresh.

Líder de mercado, Del Valle é um produto da Coca-Cola, que apresenta as versões: Del Valle Mais, Del Valle Frut, Del Valle Kapo (linha infantil) e Dell Valle Laranja Caseira em embalagens de 1 litro, 335 e 200 ml.

O suco Maguary pertence a Ebba – Empresa Brasileira de Bebidas e Alimentos. Apresenta as versões Vitakids, 200 ml, Maguary natural e light, 500 ml.

Atualmente, o Brasil consome 5.078 bilhões de litros de bebidas não alcoólicas distribuídos nas categorias: suco concentrado, suco em pó, água de galão, engarrafada, refrigerantes, chás, refrescos, sucos, néctares, isotônicos e energéticos. A categoria que mais cresceu nos últimos cinco anos foi a de energéticos (36,4%), seguida dos isotônicos (20%) e sucos e néctares (14,9%). As de menor crescimento: sucos concentrados (2,3%), sucos em pó (3,9%) e água de galão (7,7%).

Os principais objetivos da empresa para o suco Bona Fructus são: posicionar o suco Bona Fructus e atingir 100 milhões de litros em vendas para o mercado B&C.

Missão e visão

Como visto, a missão retrata a razão de ser da organização e a visão, seu sonho. (Veja slide 2)

A análise ambiental, qualitativa e quantitativa, deve ser apresentada de forma sucinta, destacando os principais pontos relacionados. Ela retrata o mercado, e não exclusivamente a empresa trabalhada. (Veja slides 3 e 4)

Os concorrentes diretos e indiretos devem ser relatados, se possível com suas características. (Veja slides 5, 6 e 7)

Esta análise mostrará os pontos críticos dos *outputs*. (Veja slide 8)

Em seguida, destaque os pontos críticos dos *inputs e dos througputs*. (Veja slides 9 e 10)

O diagnóstico de comunicação é muito mais complexo do que o que mostra o slide. Lembramos que na apresentação apenas são evidenciados os pontos cruciais, porém, em caso de dúvida, recorra ao relatório escrito. (Veja slide 11)

Observe que o gestor da comunicação teve a preocupação de relatar os objetivos de marketing. Isso se justifica por vários motivos, dentre eles criar uma interface com os objetivos de comunicação. (Veja slide 12)

O gestor da comunicação resolveu apresentar três assuntos importantes em um único slide: posicionamento geral, objetivo geral e tema. Os três devem estar interligados com a comunicação integrada da organização. (Veja slide 13)

É o momento de selecionar os públicos com os quais a comunicação mercadológica pretende trabalhar. (Veja slide 14)

Após a seleção dos públicos, é preciso definir, para cada um deles: objetivo, posicionamento e as estratégias ou ações que resolverão os problemas encontrados no diagnóstico. Quando necessário, incluir material de apoio. (Veja slides 15, 16, 17 e 18)

O relatório que você entregará à diretoria precisa ser minucioso na descrição das estratégias.

O mesmo procedimento deve ser adotado em relação aos programas de relacionamento e merchandising.

Vale lembrar que o merchandising é negociado com a revenda. Porém, tanto o varejista como o consumidor final se beneficiam. Fanpage e hotsites, por vezes, demandam um plano separado. Se isto acontecer, anexe-o ao seu planejamento.

Todas as ações propostas devem ser detalhadas para que o orçamento seja justificado.

O orçamento, ou budget, possui dois momentos. O primeiro inclui todas as ações planejadas e o total a ser investido no plano. No segundo, o detalhamento de cada ação e o investimento necessário por ação. Para a apresentação do plano, o primeiro momento é suficiente. Acrescente os detalhes de cada ação no plano escrito. (Veja slide 19)

O plano de ação/cronograma identificará as ações, quem é responsável por elas e quando começam e terminam. (Veja slide 20)

Por fim, o plano deve relatar quais instrumentos serão utilizados para a avaliação do planejamento. Lembre-se de que as ações devem ser acompanhadas e, se for o caso, corrigidas em seu percurso. (Veja slide 21)

Agora, é só aguardar as recomendações de sua diretoria e a aprovação do plano. Boa sorte!

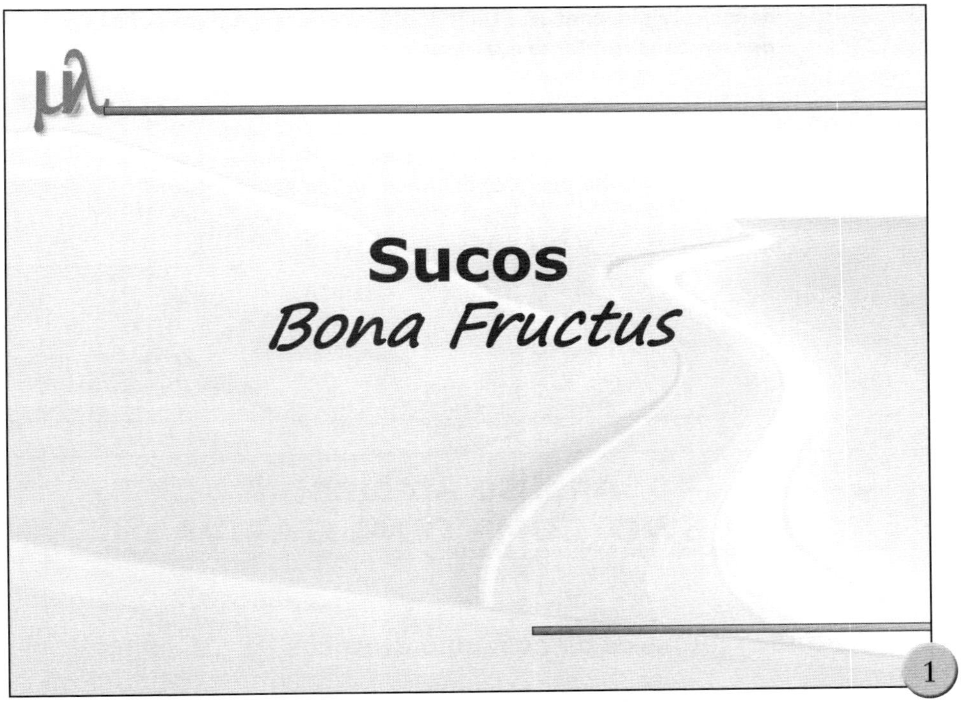

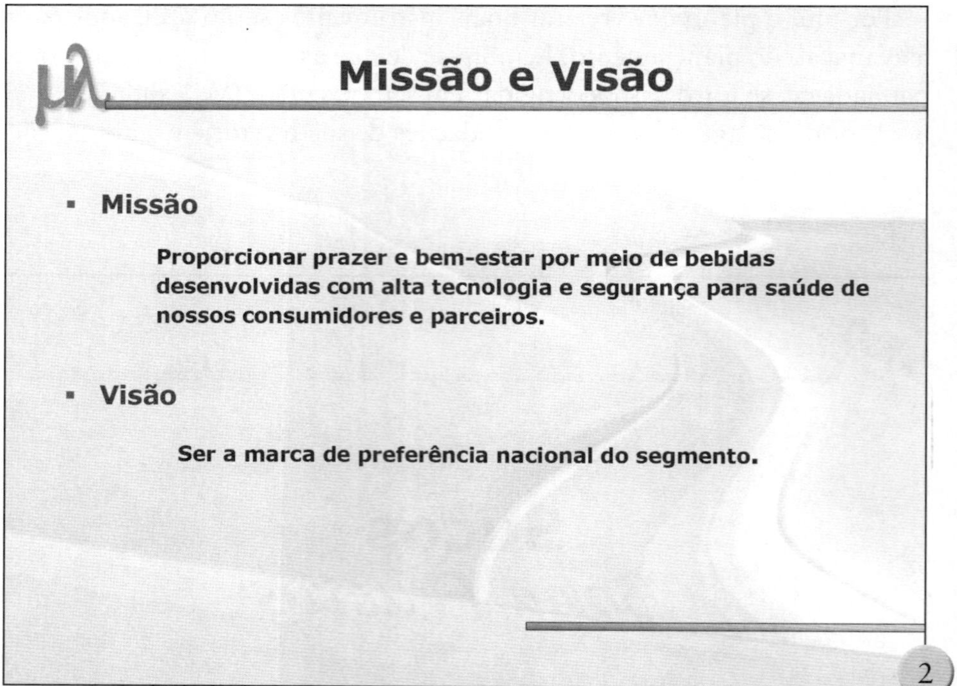
Missão e Visão
▪ Missão
Proporcionar prazer e bem-estar por meio de bebidas desenvolvidas com alta tecnologia e segurança para saúde de nossos consumidores e parceiros.
▪ Visão
Ser a marca de preferência nacional do segmento.
2

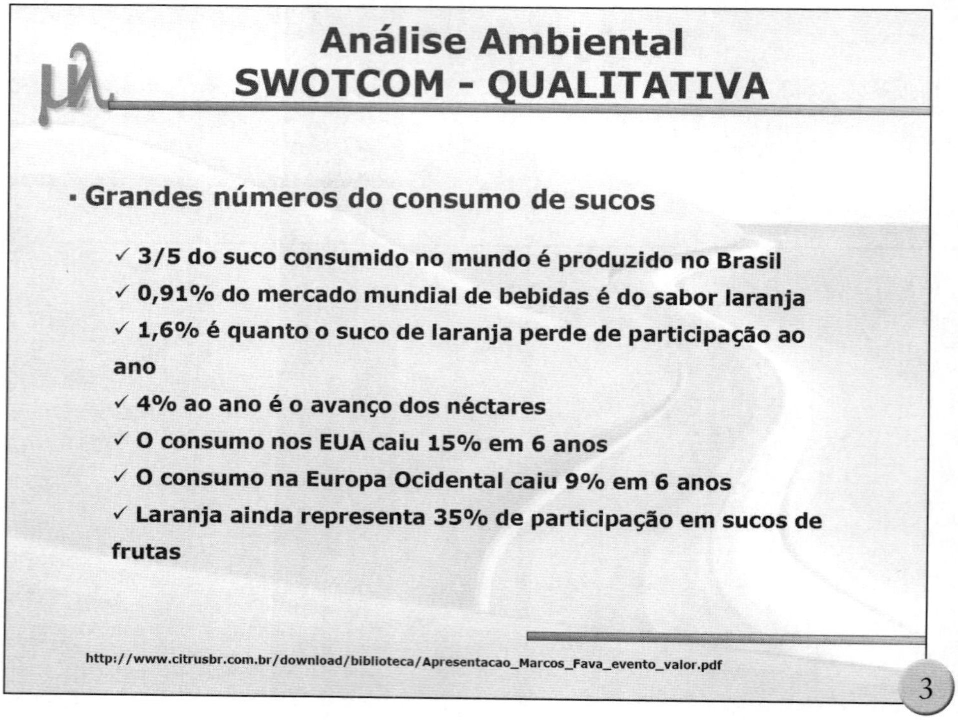
Análise Ambiental
SWOTCOM - QUALITATIVA
▪ Grandes números do consumo de sucos
✓ 3/5 do suco consumido no mundo é produzido no Brasil
✓ 0,91% do mercado mundial de bebidas é do sabor laranja
✓ 1,6% é quanto o suco de laranja perde de participação ao ano
✓ 4% ao ano é o avanço dos néctares
✓ O consumo nos EUA caiu 15% em 6 anos
✓ O consumo na Europa Ocidental caiu 9% em 6 anos
✓ Laranja ainda representa 35% de participação em sucos de frutas
http://www.citrusbr.com.br/download/biblioteca/Apresentacao_Marcos_Fava_evento_valor.pdf
3

Análise Ambiental
SWOTCOM - QUALITATIVA

- **Suco de laranja**
  - ✓ Brasil – 50% da produção mundial
  - ✓ São Paulo e Flórida detêm 81% da produção mundial
  - ✓ Brasil exporta 98% de sua produção
  - ✓ Principais destinos: Europa e EUA
  - ✓ Em ambos os países o consumo vem caindo nos últimos sete anos
  - ✓ Em 2010 foram exportadas 1,2 milhão de toneladas = US$ 1,8 bilhão

- **Tendências/sucos**
  - ✓ Vida saudável
  - ✓ Consumidores mais atentos
  - ✓ Encasulamento

http://www.citrusbr.com.br/download/biblioteca/Apresentacao_Marcos_Fava_evento_valor.pdf

4

Análise Ambiental
SWOTCOM - QUALITATIVA

- **Inibidores de consumo**
  - ✓ Aumento dos preços no mercado e no varejo
  - ✓ Clima/quebra de produção
  - ✓ Doença que atinge os pomares

- **Principais concorrentes**
  - ✓ Energéticos
  - ✓ Isotônicos
  - ✓ Laranja perde participação para outras frutas cítricas (tangerina e limão)

http://www.citrusbr.com.br/download/biblioteca/Apresentacao_Marcos_Fava_evento_valor.pdf

5

Análise Ambiental
SWOTCOM - QUALITATIVA

- ***Players* do mercado**

  - ✓ Del Valle Mais
  - ✓ É ideal para toda a família. Com 14 diferentes sabores, é ideal para saborear em um delicioso café da manhã.

  - ✓ Del Valle Frut
  - ✓ Foi especialmente desenvolvido para os jovens adultos, homens e mulheres entre 19 e 39 anos.

  - ✓ Del Valle Kapo
  - ✓ É destinado ao público infantil, entre 4 e 11 anos. Sua comunicação é dirigida às mães de 25 a 45 anos.

  - ✓ Dell Valle Laranja Caseira
  - ✓ É ideal para toda a família. Foi pensado para oferecer a experiência mais próxima da que se tem ao tomar um suco feito em casa.

6

Análise Ambiental
SWOTCOM - QUALITATIVA

- ***Players* do mercado**

  - ✓ Sollys Frutas – Laranja – Nestle
  - ✓ ADES - Unilever
  - ✓ Sucos em pó
    - Clight
    - Tang
    - Fresh
    - Frushy
    - Petry
  - ✓ Refrigerantes

7

Análise Ambiental
SWOTCOM - QUANTITATIVA

OUTPUTS	PESO	Empresa X Nota	Empresa X Nota ponderada	Conc. A Nota	Conc. A Nota ponderada	Conc. B Nota	Conc. B Nota ponderada	Situação ideal
I. Comunicação Institucional (peso = 0,40)								
* *Relações Públicas*								
a) Identidade e imagem	0,15	8	1,20	9	1,35	6	0,90	1,50
b) Propaganda institucional	0,10	5	0,50	8	0,80	8	0,80	1,00
c) Patrocínio	0,05	10	0,50	8	0,40	7	0,35	0,50
d) Relações com o Governo								
e) Relações com a imprensa	0,15	6	0,90	6	0,90	6	0,90	1,50
f) Ações com a Comunidade								
Programas Sociais								
Redes Sociais	0,05	5	0,25	7	0,35	5	0,25	0,50
g) Posicionamento	0,10	8	0,80	10	1,00	5	0,50	1,00
h) Valor da Marca	0,15	9	1,35	9	1,35	6	0,90	1,50
* *Comunicação interna*								
a) Programas de Incentivo	0,10	6	0,60	7	0,70	5	0,50	1,00
b) Padrões culturais								
c) Desenvolvimento de Pessoas								
d) Campanhas Internas	0,15	7	1,05	6	0,90	5	0,75	1,50
e) Rede formal e informal								
Subtotal	1,0		7,15		7,75		5,85	10,0

8

Análise Ambiental
SWOTCOM - QUANTITATIVA

INPUTS	PESO	Empresa X Nota	Empresa X Nota ponderada	Conc. A Nota	Conc. A Nota ponderada	Conc. B Nota	Conc. B Nota ponderada	Situação ideal
I. Recursos Financeiros (peso = 0,15)								
a) Com. Institucional	0,15	6	0,90	5	0,75	6	0,90	1,50
b) Com. Interna	0,19	6	1,14	10	1,90	10	1,90	1,90
c) Com. Administrativa								
d) Com. Mercadológica	0,33	5	1,65	8	2,64	8	2,64	3,30
e) Fee								
* de Agência								
* de Parceiros								
f) Capacitação dos RH								
g) Outros (pesquisa)	0,33	10	3,30	7	2,31	7	2,31	3,30
Subtotal	1,0		6,99		7,60		7,75	10,0
II. Recursos Humanos (peso=0,19)								
* Administrativos								
a) Qualidade dos RH	0,27	6	1,62	5	1,35	5	1,35	2,70
b) Capacitação	0,27	6	1,62	6	1,62	6	1,62	2,70
* Operacionais								
a) Qualidade dos RH	0,19	4	0,76	5	0,95	5	0,95	1,90
b) Capacitação	0,27	4	1,08	8	2,16	6	1,62	2,70
Subtotal	1,0		5,08		6,08		5,54	10,0

9

Análise Ambiental
SWOTCOM - QUANTITATIVA

THROUGPUTS	PESO	Empresa X		Conc. A		Conc. B		Situação ideal
		Nota	Nota ponderada	Nota	Nota ponderada	Nota	Nota ponderada	
I. Processos (peso 0,55)								
a) De realização de Campanhas	0,20	10	2,00	8	1,60	5	1,00	2,00
i) De avaliação								
* Com. Institucional	0,20	6	1,20	8	1,60	8	1,60	2,00
* Com. Interna	0,15	6	0,90	4	0,60	4	0,60	1,50
* Com. Mercadológica	0,30	10	3,00	10	3,00	10	3,00	3,00
j) Outros (Imprensa)	0,15	5	0,75	6	0,90	6	0,90	1,50
Subtotal	1,00		7,85		7,70		7,10	10,0
II. Clima Empresarial (peso=0,45)								
a) Grau de motivação	0,50	5	2,50	6	3,00	6	3,00	5,00
b) Nível de envolvimento e comprometimento.	0,50	5	2,50	6	3,00	6	3,00	5,00
Subtotal	1,0		5,00		6,00		6,00	10,0

10

DIAGNÓSTICO

- Consumidores com poder de decisão e cada vez mais ativos
- Consumidores preocupados com saúde
- Sucos perdem lugar para isotônicos e energéticos
- Os concorrentes trabalham melhor a propaganda institucional
- Pouco trabalho nas redes sociais
- Pouco merchandising no PDV
- Recursos humanos despreparados

11

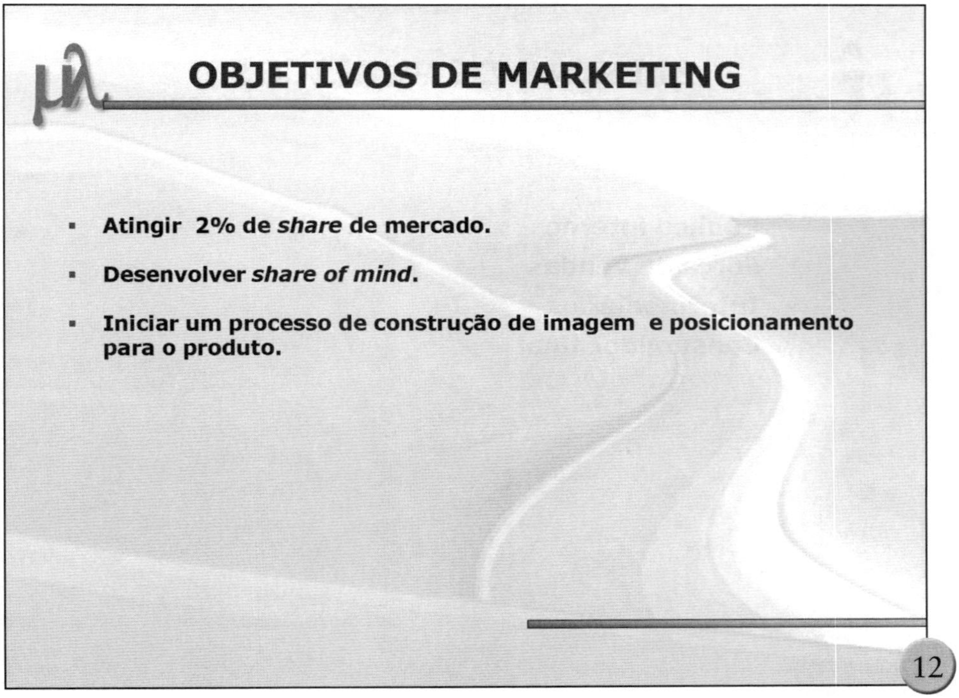
OBJETIVOS DE MARKETING
Atingir 2% de *share* de mercado.
Desenvolver *share of mind*.
Iniciar um processo de construção de imagem e posicionamento para o produto.
12

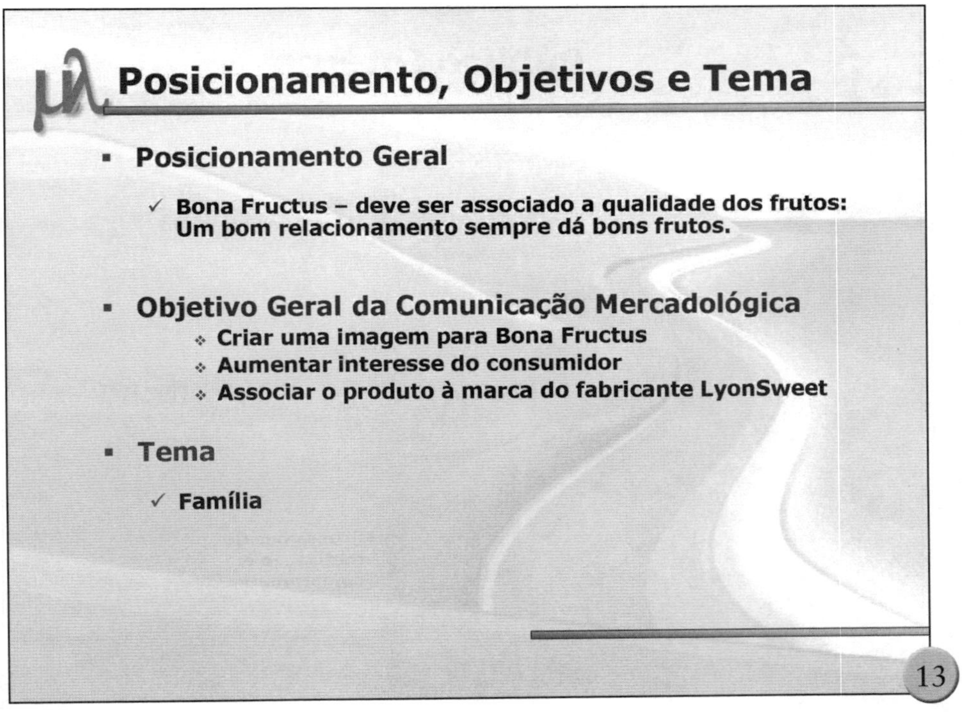
Posicionamento, Objetivos e Tema
Posicionamento Geral
Bona Fructus – deve ser associado a qualidade dos frutos: Um bom relacionamento sempre dá bons frutos.
Objetivo Geral da Comunicação Mercadológica
Criar uma imagem para Bona Fructus
Aumentar interesse do consumidor
Associar o produto à marca do fabricante LyonSweet
Tema
Família
13

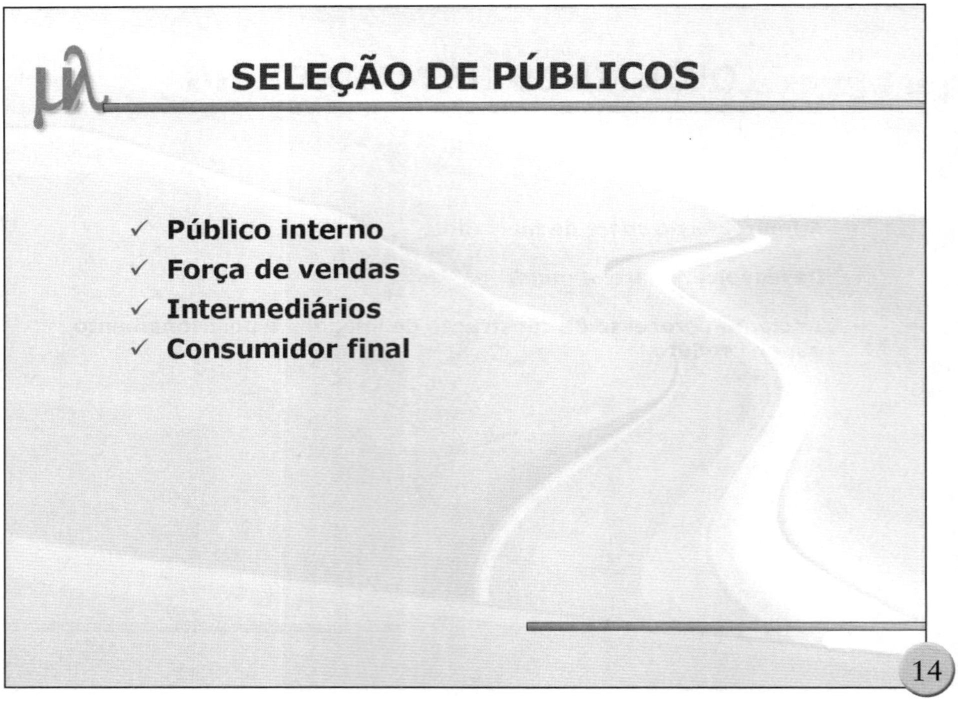
SELEÇÃO DE PÚBLICOS
✓ Público interno
✓ Força de vendas
✓ Intermediários
✓ Consumidor final
14

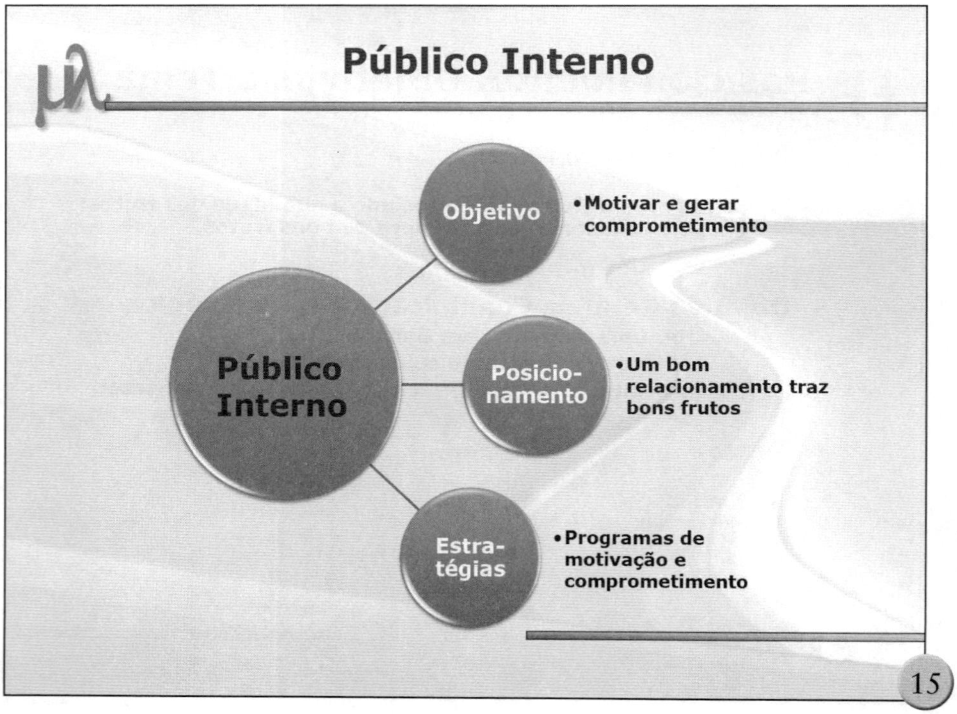
Público Interno
Público Interno
Objetivo
• Motivar e gerar comprometimento
Posicio-namento
• Um bom relacionamento traz bons frutos
Estra-tégias
• Programas de motivação e comprometimento
15

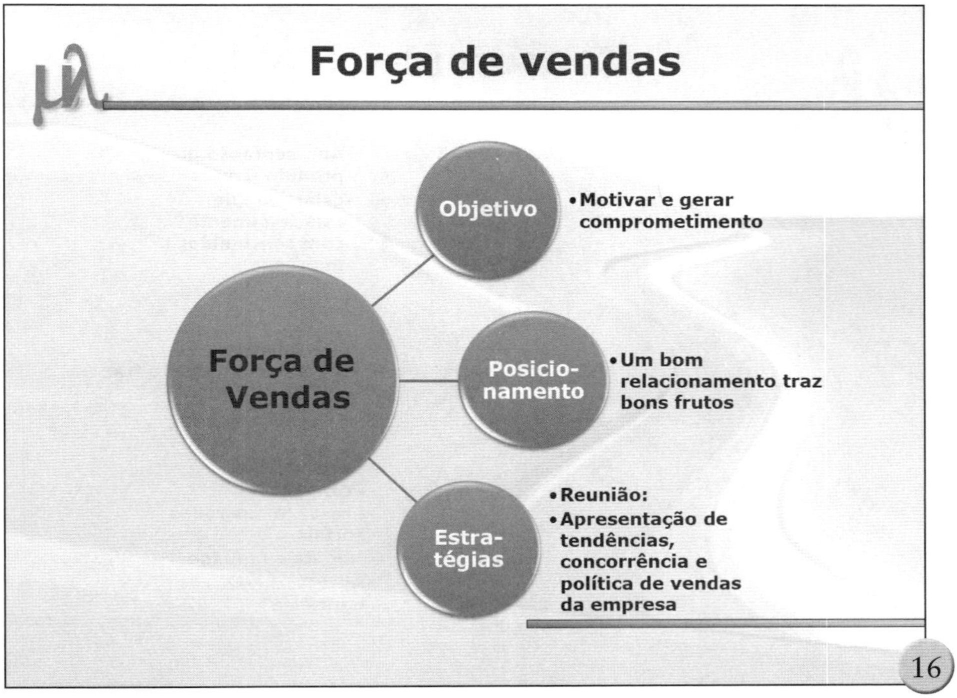
Força de vendas
Objetivo
• Motivar e gerar comprometimento
Força de Vendas
Posicio-namento
• Um bom relacionamento traz bons frutos
Estra-tégias
• Reunião:
• Apresentação de tendências, concorrência e política de vendas da empresa
16

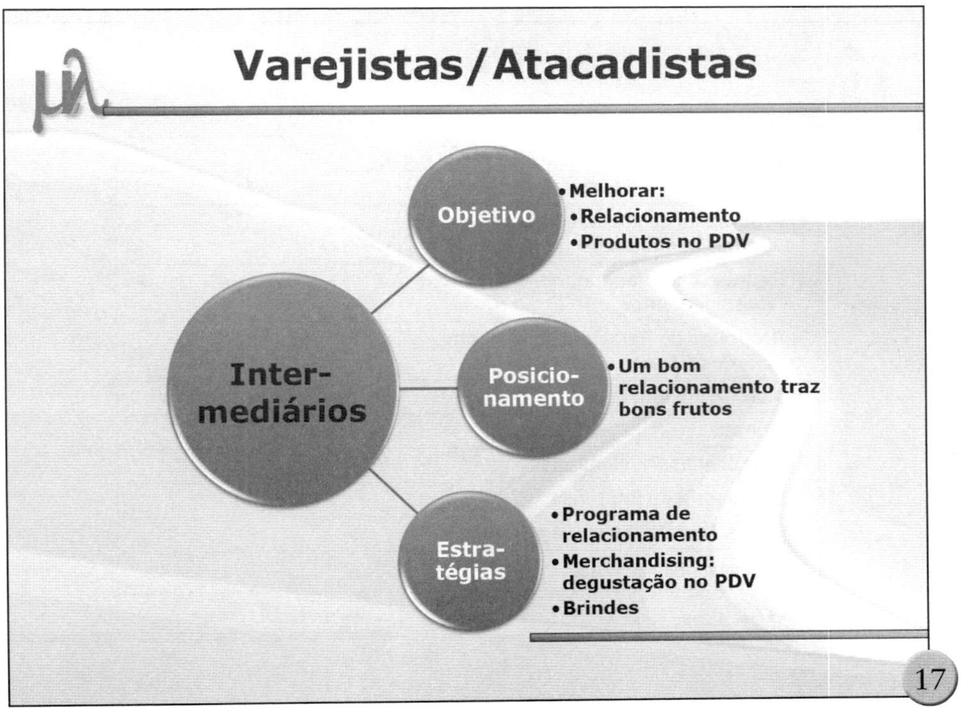
Varejistas/Atacadistas
Objetivo
• Melhorar:
• Relacionamento
• Produtos no PDV
Inter-mediários
Posicio-namento
• Um bom relacionamento traz bons frutos
Estra-tégias
• Programa de relacionamento
• Merchandising: degustação no PDV
• Brindes
17

Budget

BUDGET	
Ações	*R$*
1) Programas de Motivação e Comprometimento	
2) Reunião com Vendedores e Representantes	
3) Programa de Relacionamento com Intermediários	
4) Merchandising	
5) Brindes	
6) Campanhas Publicitárias	
7) Assessoria de Imprensa	
8) Redes Sociais, *Fanpage* e *Hotsite*	
9) Material promocional	
TOTAL	

19

Plano de Ação/Cronograma

Ações	*Responsabilidade*	Jan	Fev	Mar	Abr	Mai	Jun	Jul	Ago	Set	Out	Nov	Dez
1) Programa de Motivação e Comprometimento	Agência de Relacionamento												
2) Reunião com Vendedores e Representantes	Depto. de Vendas												
3) Programa de Relacionamento com Intermediários	Agência de Relacionamento												
4) Merchandising	Promotores												
5) Brindes	Agência de Relacionamento												
6) Campanhas Publicitárias	Agência de Comunicação												
7) Assessoria de Imprensa	Agência de Imprensa												
8) Redes Sociais, *Fanpage* e *Hotsite*	Agência Digital												
9) Material Promocional	Gestor de comunicação												

20

Avaliação

Avaliação	
Ações	*Instrumento*
1) Programa de Motivação e Comprometimento	Pesquisa no Site
2) Reunião com Vendedores e Representantes	Relatórios
3) Programa de Relacionamento com Intermediários	Pesquisa no Site
4) Merchandising	Fotos e Relatório dos Intermediários
5) Brindes	Relatório de Promotores
6) Campanhas Publicitárias	Pesquisa de *share of mind*
7) Assessoria de Imprensa	*Clipping*
8) Redes Sociais, *Fanpage* e *Hotsite*	Relatórios
9) Material Promocional	Relatórios

21

GLOSSÁRIO

Glossário

Este glossário tem por finalidade reunir alguns termos utilizados na comunicação, que permitirão ao leitor uma revisão de conceitos.

ABA Associação Brasileira de Anunciantes. Entidade que congrega as principais empresas anunciantes do país.
Abap Associação Brasileira de Agências de Propaganda. Entidade que congrega as principais agências do país.
Abert Associação Brasileira de Emissoras de Rádio e Televisão. Entidade que congrega as principais emissoras de rádio e televisão do país.
Abipeme Associação Brasileira de Institutos de Pesquisa de Mercado.
ABP Associação Brasileira de Propaganda. Entidade que reúne as principais empresas e profissionais do mercado publicitário.
ABTA Associação Brasileira de TV por assinatura.
Ad hoc (latim) Trabalho feito sob encomenda especialmente para um cliente. Termo utilizado, em geral, na área de pesquisa.
ADVB Associação dos Dirigentes de Vendas do Brasil. Entidade que congrega profissionais da área de marketing e propaganda.
Advertising (inglês) Propaganda comercial.
Advertising budget (inglês) Orçamento de publicidade. Verba destinada à publicidade. Desdobramento do volume de dinheiro dotado pelo anunciante para sua publicidade.
Aéreo Cartaz produzido em qualquer material destinado a ser suspenso no alto dentro do ponto de venda.
All-type (inglês) Anúncio de jornal ou revista, *outdoor* ou qualquer outro tipo de material impresso apenas com frases escritas, sem nenhum tipo de ilustração.
AMPRO Associação de Marketing Promocional. Entidade que congrega profissionais e empresas que exerçam atividades relacionadas ao marketing promocional.
Aner Associação Brasileira de Editores de Revistas. Entidade que congrega as principais editoras de revistas do país.
Animatic Esboço de um comercial de TV ou cinema, feito com ilustrações e movimentos básicos, cuja finalidade é explicar melhor como será o resultado após a produção efetiva. Geralmente empregado em pesquisas para a realização de pré-testes de comerciais.

ANJ Associação Nacional de Jornais. Entidade que congrega os principais jornais do país.
APP Associação dos Profissionais de Propaganda. Entidade, sediada em São Paulo, que reúne empresas e profissionais da área de propaganda.
Approach (inglês) Abordagem. Termo utilizado para definir a linha de comunicação adotada ou o conceito criativo da peça de propaganda.
AMA American Marketing Association. Entidade que congrega membros que trabalham, ensinam e estudam o marketing em todo o mundo.
Avant-premièr (francês) Pré-estreia.
Award (Veja BV) Bonificação ou prêmio por volume. Descontos ou vantagens oferecidos pelos veículos em função do volume de trabalho executado por uma agência de propaganda.
Awareness (inglês) Conjuntos de marcas citadas espontaneamente pelos consumidores quando perguntados sobre quais marcas de determinada categoria de produto.

Back light Peça publicitária retroiluminada que contém mensagens do produto ou da empresa.
Banner (1) Bandeirola. Pequena bandeira utilizada nos pontos de venda contendo uma mensagem publicitária. Bandeira estreita e comprida usada em sinalizações. Tiras e faixas. (2) É o formato em que os anúncios aparecem na internet, expressos pelas estampas dos logotipos e pelas marcas das empresas, geralmente linkados aos sites dos anunciadores.
Benchmarking* ou *benchmark Comparação do desempenho de produtos e processos com o de empresas líderes. Arte de descobrir como e por que algumas empresas podem desempenhar muito mais tarefas que outras. O objetivo de uma organização, ao realizar um procedimento de *benchmarking*, é imitar e melhorar as ações de outras empresas.
Biombo Elemento de três ou mais partes que cumpre a função de *display*.
Blimp Inflável gigantesco que reproduz, de forma ampliada, produtos, imagens e marcas de empresas.
Blister Apresentação de um produto embalado entre um suporte de cartão e uma estrutura de plástico transparente, permitindo sua visualização (produto cartelado).
Boneco Projeto de material gráfico destinado a dar uma ideia do aspecto que terá a peça.

Botom/*button*/PIN Peça publicitária em formato de botão, alfinete, broche ou assemelhados. É usada, em geral, em lapelas e contém imagens de marcas de produtos ou empresas, além de poder conter *slogans*.

Box pallet Caixa utilizada para o transporte e a apresentação de mercadoria de grande volume nos pontos de venda (supermercados, hipermercados e atacadistas).

Brainstorm (inglês) Tempestade cerebral. Reunião descontraída que consiste em propor e relacionar qualquer tipo de associações que vem à cabeça livres de críticas.

Brainstorming (inglês)Técnica utilizada para a geração de ideias. *Veja também* brainstorm.

Brand *Veja* marca.

Brand equity Valor agregado que se atribui a um produto ou serviço. Representa um importante ativo intangível que corresponde a um valor psicológico e financeiro da organização.

Break (inglês) Intervalo comercial no rádio e na televisão.

Brifar Ato de passar o briefing para outra parte envolvida.

Broadcast (inglês) Palavra usada para designar a estratégia de programação de televisão. Vem sendo muito utilizada também para definir a estratégia de programação de conteúdo da internet, pois ambas partem da mesma concepção.

Broadside Peça publicitária contendo informações de todos os esforços de comunicação publicitária e promocional, bem como dos produtos, por ocasião de lançamentos, relançamentos ou outras ações. Normalmente dirigido ao revendedor, serve para motivar e influenciar toda a cadeia de vendas envolvida na ação, em especial para auxiliar a equipe na argumentação e apresentação do trabalho de vendas à área de compras.

Budget Orçamento. Budget publicitário é o valor de orçamento destinado às ações de comunicação.

Busdoor É um painel publicitário externo aplicado nos ônibus.

Business-to-business **(B2B)** Termo utilizado para designar organizações que produzem e vendem bens que serão consumidos por outras empresas.

BV Bonificação por volume. Termo utilizado no meio publicitário para designar um desconto em função da quantidade de compras. Também conhecido como "bonificação de agência" e "plano de incentivos".

Caderno Cada uma das partes de uma revista ou jornal, geralmente impressa em uma única folha e dobrada em seguida.
Calhau Texto ou anúncio utilizado para preencher espaços não comercializados em revistas ou jornais. Em geral, os veículos colocam suas próprias mensagens, peças comunitárias ou de utilidade pública.
Campanha Conjunto de ações de comunicação composto por duas ou mais peças publicitárias, criadas de acordo com um planejamento prévio, com o objetivo de atender aos objetivos de comunicação do anunciante.
Catálogo É uma publicação não periódica contendo várias páginas com informações abrangentes sobre uma empresa e/ou produtos.
Cavalete Elemento de sinalização móvel, em geral colocado na entrada do ponto de venda.
Count director Diretor de conta (ou de grupo de atendimento).
Cenp Conselho Executivo das Normas-Padrão. Esforço conjunto das principais entidades da indústria da comunicação do país para aplicar e administrar as normas padrão da atividade publicitária.
Central de mídia Unidade – localizada no anunciante ou na agência – que centraliza as operações de planejamento, negociação, compra e execução de mídia de determinado cliente.
Central de *outdoor* Fundada da necessidade de agências anunciantes por padronização na operação com o meio, em função das várias configurações anteriormente existentes (cartazes em vários formatos e até mesmo peças sobrepostas umas às outras). Promove a união das empresas afiliadas, estipula a padronização das tabuletas e empreende estudos e pesquisas.
Chat (inglês, do verbo *to chat*) Bate-papo. Na internet, como o próprio nome diz, significa lugar onde as pessoas batem papo, geralmente dividido por temas ou assuntos de interesse.
Check Verificar, controlar o desenvolvimento de criação e produção de peças de comunicação em suas diversas etapas.
Checking Trabalho de conferência da efetividade da veiculação das mensagens autorizadas, incluindo a qualidade de impressão ou transmissão e a precisão do horário ou posição.
Check-list Relação de itens a serem observados e verificados na realização de um evento, de uma promoção ou de qualquer outra atividade publicitária.
Check-out Caixa registradora de supermercado.
Clipping Coleção de material impresso nas diversas mídias, com informações a respeito de determinado assunto, empresa, pessoa, marca e comunicação em geral.

Clube de criação Entidade que reúne profissionais de criação. O principal é o de São Paulo (CCSP), que edita um anuário com o melhor da criação publicitária de cada ano, seguido, em importância, pelo do Rio de Janeiro.

CMYK Refere-se às quatro cores básicas utilizadas em materiais impressos: *ciano* (azul), *magenta* (vermelho), *yellow* (amarelo) e *preto*, este último representado pela letra K para não confundir *black* (preto) com *blue* (azul).

Coletiva Entrevista dada a um grupo de jornalistas – daí o nome usual "coletiva de imprensa".

Comercial Peça publicitária para TV e cinema.

Conar Acrônimo de Conselho Nacional de Autorregulamentação Publicitária. Entidade formada por anunciantes, veículos e agências de comunicação que administra o cumprimento do Código Brasileiro de Autorregulamentação Publicitária.

Conta Entidade ou pessoa que entrega a uma agência a responsabilidade de sua propaganda.

Copião Negativo de um filme com todas as cenas filmadas. Serve como guia de trabalho para a seleção das imagens que farão parte do filme.

Copyright Direito legal de propriedade de texto, frase, livro, obra de arte, música ou qualquer outra forma de expressão.

Corner Conjunto de elementos de apresentação de uma marca ou de uma linha de produtos formando uma miniloja dentro do ponto de venda.

Coroa Peça impressa a ser fixada na parte superior do expositor.

CPC (custo por clique) Padrão de custo na internet que leva em conta a expectativa de cliques recebidos em uma campanha. O mídia/anunciante e o site/veículo concordam que o site exibirá o *banner* ou outra peça publicitária até que determinado número de cliques tenha sido realizado. Variantes: CPV – custo por venda e CPA – custo por ação.

CPM (custo por mil) Define o valor obtido na divisão do montante investido em determinada ação publicitária pelo número de pessoas presumidamente atingidas.

CRM (Customer Relationship Management) Marketing de relacionamento. Muitas vezes mal-entendido até por "ditos" profissionais da área, é a categorização de clientes de acordo com hábitos, volume, frequência etc. de compra e seu proporcional incentivo e vantagens.

Cross-media Utilização combinada de mídia *on* e *off-line* para ampla divulgação de uma marca dentro da mesma campanha.

Cross sampling Técnica de comunicação de amostragem cruzada em que um produto de grande penetração dá "carona" a outro, funcionando como veículo e facilitando sua aceitação. O novo produto a ser divulgado utiliza e capitaliza a penetração do mais forte no mercado.

CTP (***computer to plate***) Método de impressão que dispensa o fotolito. A impressão é programada direto do computador para a impressora.

Cuponagem Técnica de comercialização de produtos ou serviços através da veiculação de anúncios ou encartes, nos quais é inserido um cupom, que serve como resposta direta do consumidor.

Dado primário Informação coletada para propósitos específicos que não está disponível em um primeiro momento. Informação original colhida para estudo específico de pesquisa de mercado.

Dado secundário Informação que foi colhida para outras finalidades e já se acha publicada, podendo ser utilizada como dado para a tomada de decisão.

Datafolha Departamento de pesquisas do grupo Folha da Manhã. Realiza pesquisas de opinião pública e eleitoral, bem como de mercado e de mídia, além de levantamentos estatísticos.

Day after recall Tipo de pesquisa realizada no dia seguinte à veiculação de um comercial de TV, cuja finalidade é avaliar o nível de *recall* obtido junto ao *target*. *Veja* recall *e* target.

Deadline Último prazo de entrega para qualquer serviço em fase de execução.

Decupagem Na produção de um comercial, é a descrição pormenorizada de cada uma de suas cenas, com diálogos, cenografia, presença de intérpretes e figurantes, figurino, efeitos especiais etc. *Veja também* decupar.

Decupar Marcar cenas em um roteiro de filmagem para TV ou cinema. *Veja também* decupagem.

Degustação Atividade promocional que visa oferecer oportunidade ao consumidor de experimentar/degustar um produto alimentício.

Dia da Propaganda 4 de dezembro, comemorado mundialmente.

Discussão em grupo Técnica de pesquisa qualitativa que coloca um assunto, um produto ou uma empresa em análise por um grupo de pessoas, sob a moderação de um profissional de pesquisa.

Display Qualquer elemento destinado a promover, apresentar, expor, demonstrar e ajudar a vender um produto ou serviço, podendo ser colocado diretamente no chão, na vitrine, no balcão ou na gôndola.

Domínio Nome à frente do símbolo @ em um endereço eletrônico.

E-commerce Consiste basicamente em realizar transações de compra *on-line*, executando os processos de escolha, ordem de compra e pagamento em forma eletrônica.

Embalagem *display* Embalagem de transporte que também funciona como *display* no ponto de venda.

Embalagem promocional Embalagem produzida para utilização específica em determinada promoção (datas comemorativas, "leve 3, pague 2", inclusão de brindes e bônus de volume etc.).

Empena Mensagem e/ou imagem impressa, pintada em tecido ou plástico colocado nas fachadas de prédios.

Encalhe Número de exemplares de determinada publicação que não foram vendidos e devolvidos ao editor.

Encarte Peça publicitária gráfica normalmente encartada em jornais e revistas. Encartado, funciona como anúncio. Quando separado, como folheto convencional.

Endomarketing Utilização de ações de marketing voltadas ao público interno das empresas.

Estande ou ***stand*** Espaço construído especialmente para receber clientes e expor produtos em feiras, congressos e eventos afins.

Facing Parte frontal (*face*) de uma embalagem. Ao ser exposto o produto em uma prateleira, o *facing* da embalagem deverá estar apontado para os corredores de circulação dos consumidores.

Faixa de gôndola Peça produzida em diversos materiais para ser colocada na parte frontal das prateleiras das gôndolas, servindo como delimitador de espaço dos produtos e/ou aparador das embalagens, podendo conter mensagens e/ou imagens.

Fee Uma das formas de remuneração de uma agência de comunicação. Ocorre nas relações anunciante/agência à base de um valor fixo mensal ou estabelecido por um *job*, ou seja, pelo trabalho a ser executado.

Fenapro Federação Nacional das Agências de Propaganda. Entidade representativa da atividade publicitária brasileira, que visa à melhoria contínua dos mercados locais, com o fortalecimento e valorização da atividade.

Flâmula Bandeirola fixada em haste vertical.

Flights Período em que um anúncio está no ar.

Folder Envoltório, pasta de papéis e folheto dobrado. É também uma peça publicitária impressa em uma só folha, com diversas dobras (lâminas) em forma de sanfona. Cada lâmina apresenta determinado assunto. O objetivo de cada lâmina ser independente justifica-se pela eventual necessidade de impressão do assunto isoladamente.

Folheto Peça publicitária gráfica, que pode ser impressa frente e verso, com dobras ou não, nos mais diversos formatos. Contém informações pertinentes à empresa, aos produtos e aos serviços. Quando inserida em jornais e revistas, torna-se encarte.

Follow-up Termo muito utilizado para designar as atividades de acompanhamento das ações marketing das empresas.

Fotolito Filme que apresenta a peça publicitária pronta para reprodução em chapa (impressão *off-set*), dividido individualmente por cores de impressão. *Veja* CTP.

Free-lance É o serviço prestado por um profissional (*free-lancer*) temporariamente, sem vínculo empregatício.

Front light Peça que apresenta mensagem ou imagem com iluminação externa frontal.

Gancheira Expositor especial para colocação de produtos em blísteres ou saquinhos.

Gargaleira Elemento de promoção colocado em embalagens com formato de garrafa (gravata de papel para gargalo de garrafa).

Gift-pack Embalagem com brinde desenvolvido previamente pelo fabricante e acoplado para ser oferecido ao consumidor.

Gimmick Truque ou atrativo, com efeito visual ou sonoro, para chamar a atenção e despertar o interesse em determinado anúncio, comercial, produto ou serviço. É uma gíria norte-americana que sugere artimanha.

Goal Objective Objetivo final de uma campanha.

Gôndola Prateleira utilizada para exposição de produtos no ponto de venda.

GRP Abreviação de *gross rating point* – pontos brutos de audiência. Técnica de mídia que permite medir com segurança qual o total do público-alvo que se está atingindo e com que frequência. A soma dos índices de audiência de um determinado período. É estabelecido tendo em vista a cobertura – a quantas pessoas se deseja falar – e a frequência da mensagem – quantas vezes o anunciante pretende falar (1 GRP equivale a 1% de audiência). Considera-se GRP a soma de audiências em porcentagem.

Grupo de mídia Entidade que congrega os profissionais da área de mídia.
Guelta Termo utilizado entre lojistas e promotores de vendas para designar o dinheiro dado aos balconistas para maior destaque na apresentação de um produto quando em exposição.

Heavy user Grupo de consumidores frequentes e fiéis a um produto ou serviço.
Holding Sociedade que tem a maioria do capital formado por ações de outras empresas.
House agency Agência publicitária montada pelo anunciante com o objetivo de realizar a comunicação de sua empresa. Pode eventualmente atender a outro anunciante.
House organ Qualquer publicação periódica de uma empresa destinada a seus funcionários, consumidores, distribuidores e varejistas. Contém informações sobre a empresa, seus produtos, seus funcionários e suas ações. A linguagem dos *house organs* é sempre jornalística.

Ibope Instituto Brasileiro de Opinião Pública e Estatística.
Identidade visual Conjunto de simbologia que identifica uma empresa, diversos locais de determinado evento ou estabelecimentos privado ou público. Exemplos: logotipo, marca, logomarca, alfabeto, papelaria, pintura de frota, sinalização etc.
Inflável Peça feita em material plástico flexível e hermético, cheio de ar, na qual são impressas ou pintadas mensagens ou imagens.
Informe publicitário Matéria paga. Mensagem publicitária sem as características habituais de um anúncio ou comercial. Em geral, imita o estilo editorial – jornalístico – do veículo em que está sendo veiculada.
Informecial ou informercial Informação e comerciais, com duração de meia hora ou mais, que permitem explicar com maior profundidade os produtos.
Inpi Instituto Nacional de Propriedade Industrial. Registra marcas e patentes.
Inserção (1) Anúncio ou comercial veiculado. (2) Ato de veicular qualquer peça publicitária nos veículos.
Intercom Sociedade Brasileira de Estudos Interdisciplinares da Comunicação. Promove um congresso anual no mês de setembro.
International Advertising Association Associação Internacional de Publicidade. Entidade que reúne empresas e profissionais anunciantes, agências

e veículos para defender a liberdade de propaganda e desenvolvê-la como técnica e atividade econômica.

IP Para cada computador conectado à internet é conferido um endereço de IP (*Internet Protocol*) único, que identifica e diferencia o dispositivo.

IVC Instituto Verificador de Circulação. Entidade mantida por anunciantes, agências e veículos, com o objetivo de auditar a tiragem e a circulação de jornais e revistas.

Jingle Peça publicitária para rádio ou veículo semelhante. Canção ou música com mensagem publicitária.

Job Nome de todos os trabalhos feitos pela agência ao anunciante. Conhecido também como PIT – pedido interno de trabalho.

Label Rótulo.

Layout Esboço, mais elaborado que uma *raf*, de um anúncio a ser apresentado aos clientes e posteriormente finalizado e impresso. No *layout* estão apresentados – não em forma definitiva, mas aproximada – todos os elementos visuais básicos da peça publicitária (títulos, texto, ilustração etc.).

Licenciamento (inglês: *licensing)* Obtenção de autorização e licenciamento, com ou sem exclusividade, para uso de determinado personagem, marca ou produto.

Light user Consumidores que usam determinado produto ou marca com pouca frequência, ao contrário dos *heavy users*.

Logotipo Símbolo constituído por letras ou palavras, apresentadas em desenho característico, destinado a funcionar como elemento de identidade visual de uma empresa, instituição ou produto.

Mailing-list Relação de nomes, endereços e dados adicionais de consumidores e prospectos.

Making off **(por trás das câmeras)** Recurso utilizado para registro visual da situação dos bastidores, com comentários e observações das cenas e dos acontecimentos.

Mala direta Mensagem publicitária enviada pelo correio.

Mapa de programação Quadro utilizado no planejamento e na execução de mídia para mostrar visualmente quais inserções serão feitas.

Marca Símbolo gráfico identificador de uma empresa, produto ou serviço.
Market share Fatia ou participação no mercado. Parte do mercado controlada por determinado produto; muitas vezes, o desejo de alcançar uma participação específica do mercado é anunciado como uma meta do plano de marketing.
Marketing viral Ações de marketing normalmente implementadas na web, cujo objetivo é, ao receber uma mensagem, que o receptor se sinta impelido a divulgar para seus contatos, e estes para os seus, continuamente.
Markup Valor absoluto ou porcentagem padrão acrescido ao custo do produto com a finalidade de chegar a um preço de venda.
Meios de comunicação São os canais por meio dos quais a comunicação é realizada. Exemplo: jornais, revistas, TV, *outdoors* etc. *Veja* veículo de comunicação.
Mercado-alvo Mercado objetivado pela empresa ou marca.
Mercado-teste Mercado escolhido para avaliar a real potencialidade de um novo produto ou de uma nova campanha publicitária. Cidade ou região escolhida para avaliar como um novo produto ou serviço será recebido pela população.
Merchandising Conjunto de ações que visam construir um cenário favorável para a compra do produto no ponto de venda. *Veja também* tie-in.
Mídia Departamento especializado de uma agência. Profissional especializado nas técnicas de mídia. Técnica publicitária que estuda e indica os melhores meios e veículos, bem como formatos e posições para veicular as mensagens publicitárias.
Móbile Peça promocional aérea sustentada por fios.
Mockup Boneco de produto ou embalagem em qualquer escala, utilizado geralmente para produção fotográfica.
Multimídia Combinação de diferentes meios e veículos dentro de um plano de comunicação.

Nicho Pequeno segmento que demanda uma oferta específica de produto ou serviço.

Ombudsman Ouvinte de reclamação ou sugestão.
On pack Denominação do conjunto promocional, do tipo leve 3 e pague 2, ou a agregação de um brinde ao pacote original do produto, confeccionado com filme termo encolhível.

Opt in/Opt out Promoção de marketing baseada em e-mail que dá ao consumidor a oportunidade de *opt in* (agir para participar da promoção) ou *opt out* (agir para não participar da promoção).
Orçamento publicitário Destinação da verba que a empresa anunciante estabelece para as atividades de comunicação. Grande parte dessa verba é administrada pela agência de comunicação, que decide como reparti-la entre as várias atividades.
Outdoor Cartaz publicitário de grandes proporções. Pode-se ou não utilizar o aplique, continuação do *outdoor* que excede os limites do painel, com o objetivo de proporcionar maior impacto.

Packshot Tomada exclusiva do produto em *close* usada na produção da mídia eletrônica.
Painel Peça com as mesmas características do *outdoor*, com a diferença de ser permanente. É pintada sobre chapas metálicas ou outros tipos de material.
Painel eletrônico Grandes telões afixados em pontos estratégicos que veiculam mensagens publicitárias e/ou notícias e informações.
Panfleto Material impresso destinado à divulgação de campanhas políticas ou religiosas.
Pantone Catálogo internacional de referência de cores.
PDV *Veja* ponto de venda.
Peça publicitária Qualquer elemento individual da publicidade. Duas ou mais peças, com um único conceito ou tema, constituem uma campanha.
PIT Pedido interno de trabalho.
Players do mercado Participantes, concorrentes do mercado.
Política de comunicação/de propaganda Regras determinadas pela empresa, que devem ser seguidas no trabalho de criação, mídia, produção etc. Exemplos: a utilização de logotipia segue certas regras que devem ser cumpridas rigorosamente; nos anúncios impressos, os preços dos produtos não devem aparecer; nas campanhas em que aparecem automóveis com motoristas, estes devem sempre utilizar o cinto de segurança.
Ponta de gôndola Espaço nobre localizado nas extremidades dos corredores de supermercados, muito utilizado para promover e aumentar o giro dos produtos.
Ponto de venda Local onde o produto está sendo exposto e comercializado, como bares, magazines, supermercados, padarias etc.

Pop-up Tipo de espaço publicitário em que uma pequena janela, como uma espécie de página web, se abre automaticamente após uma ação direta ou indireta do visitante.
Portfólio Conjunto de marcas, produtos e serviços de uma empresa. Conjunto de contas de uma agência. Trabalhos já realizados por uma agência, uma produtora, um fornecedor ou um profissional. Conjunto dos títulos de uma editora, e de programas de uma emissora de rádio e TV.
Posicionamento A percepção que o cliente tem, ou se quer que tenha, de uma determinada marca, empresa, produto ou serviço ante os concorrentes.
Pós-teste Tipo de pesquisa, qualitativa e/ou quantitativa, realizada após a veiculação de comerciais, anúncios ou campanhas, com o objetivo de conhecer o nível de eficiência da mensagem.
Potencial de mercado Mensuração das possibilidades de venda de determinado produto ou serviço em um segmento de mercado ou região.
Press-kit Conjunto de informações, textos, ilustrações, fotos e até de amostras de produtos entregues à imprensa nos trabalhos de assessoria de imprensa.
Press release Textos e informações enviados aos veículos pelas empresas e/ou pela assessoria de imprensa.
Pré-teste Tipo de pesquisa, qualitativa e/ou quantitativa, realizada antes da produção e veiculação de comerciais, anúncios ou campanhas, com o objetivo de conhecer as perspectivas da mensagem e analisar como o público-alvo percebe seu conteúdo e abordagem criativa.
Propaganda cooperada Peça publicitária cujo custo é rateado entre os participantes, normalmente o fabricante e o revendedor.
Propagandista Profissional que divulga pessoalmente um produto, serviço ou empresa ligado à área médica.
Prospect Pessoa ou empresa não consumidora de determinado produto ou serviço com potencial para se tornar consumidor. Também chamado "cliente potencial".

Quadricromia Impressão realizada por meio das quatro cores primárias.

Rabicho Espaço de filme publicitário ou *spot* destinado à colocação de dados de filiais, distribuidores, representantes etc.
Raf *veja* Rough.

Recall Lembrança ou recordação. Informação ou percepção que fica para o público-alvo após ter visto, ouvido ou lido alguma peça de uma campanha publicitária.
Reclame Antigo nome do anúncio e da propaganda. Atualmente usado apenas em sentido pejorativo.
Régua (Faixa de Gôndola) Peça produzida em diversos materiais para ser colocada na parte frontal das prateleiras das gôndolas, servindo como delimitador de espaço dos produtos e/ou como aparador das embalagens, podendo conter mensagens e/ou imagens.
Release Noticiário em forma de matéria jornalística de interesse do cliente distribuído à imprensa. *Veja* press release.
Reprint Reprodução, na íntegra, de textos, reportagens ou depoimentos colhidos de publicações, revistas ou periódicos citando a fonte e o nome do autor.
RFP (*Request for proposal*) Concorrência entre várias agências para ganhar a conta do cliente. Esta concorrência, ou disputa, costuma fazer as agências carregar nas tintas e viajar alto no que poderão fazer pelos seus clientes se contratadas.
Rough (Raf) (inglês) Rascunho. O primeiro de uma peça publicitária. Sua evolução resulta no layout.
RTV(C) Também grafado como RTVC. Departamento de rádio, TV e cinema de uma agência.

Sales kit Utilizado normalmente em lançamentos de produto ou campanha. Composto por um brinde, uma amostra do novo produto e um *broadside*.
***Sampling* (amostra grátis)** Amostragem. Processo de distribuir gratuitamente no mercado um novo produto ou relançamentos com novos formatos, sabores etc. Pode ser feito por meio de sachês, pequenas amostras, para estimular a experimentação e a compra do produto.
Self-liquidated (inglês) Autopagável. Tipo de promoção em que o brinde tem o custo pago pelos consumidores. Esse valor é sempre mais acessível que no mercado. O brinde só pode ser obtido pela participação em promoção.
Share of heart Porcentagem de participação de uma marca no coração (parte emocional) do consumidor.
Share of market Participação de mercado. Porcentagem do mercado total ou de um segmento que uma marca ou empresa detenha.

Share of mind Nível de conhecimento de determinado produto, marca ou serviço, campanha publicitária etc., que tem como base de cálculo o total das marcas citadas em primeiro lugar. Percentual de participação da marca na mente do consumidor.

Share of voice Participação no volume total de publicidade veiculada. Porcentagem de toda comunicação com o mercado ou segmento que uma empresa ou marca detenha.

Share of wallet Porcentagem de participação do produto na carteira, orçamento do consumidor.

Shelf talk Minicartaz que destaca a presença de um produto na gôndola e chama a atenção do consumidor para promoções, lançamentos e outras ações.

Shop in shop Espaço de comercialização de um grupo de produtos, dentro de um ponto de venda, com atendimento e *check-outs* (caixas) próprios.

Shrink Processo de empacotamento por meio de filme transparente, com a finalidade de agrupamento ou proteção. *Veja também shrink-pack.*

Shrink-pack Embalagem feita em filme encolhível, a vapor, em geral usada para agregar brindes/prêmios ou outras ações promocionais. *Veja também shrink.*

Site Conjunto de informações relacionadas e interligadas de forma hipertextual com base num endereço (URL) único.

***Slogan* (grito de guerra)** Lema. Frase curta, geralmente incisiva.

SMS *(Short Message Service)* Mensagem limitada a 160 caracteres que se pode enviar via telefone móvel.

Splash Chamada promocional vibrante, atrativa, muito usada em embalagens, envoltórios, cintas etc., com mensagens ao consumidor.

Spot Peça publicitária para rádio ou veículo semelhante. Locução simples ou mista (duas ou mais vozes), com ou sem efeitos sonoros ou música de fundo.

Stand *Veja* estande.

Sticker Pequeno adesivo publicitário.

Stopper Peça publicitária que sobressai perpendicularmente à prateleira ou à gôndola.

Storyboard Roteiro especial para produção de um filme publicitário – de um lado estão as cenas (o vídeo) e de outro o texto correspondente (áudio). Desenham-se quadros que darão uma ideia das cenas do filme. Esquema ilustrado do roteiro de um comercial, definindo algumas cenas principais, de modo que facilite sua análise, aprovação e produção.

SwotCom Ferramenta de gestão utilizada no planeamento/análise de comunicação. O termo "swot" representa as iniciais das palavras *Streghts* (forças), *Weaknesses* (fraquezas), *Opportunities* (oportunidades) e *Threats* (ameaças). A identificação das ameaças e oportunidades propicia a determinação de objetivos de comunicação, e o levantamento das forças e fraquezas pode fundamentar a definição de estratégias.

Tabloide Formato especial de jornal. Equivale à metade de um jornal comum e mede, em geral, 28 cm de largura por 38 cm de altura.

Tabuleta Termo comumente utilizado para definir o *outdoor*.

Tag Etiqueta, refrão, pegador, juntar, pegar. Linguagem utilizada na internet como palavra chave com relevância ou termo associado a alguma informação.

Tag-line Expressão ou frase de efeito colocada ao final de um anúncio ou programa de rádio ou TV, com a intenção de marcá-lo, identificá-lo.

Take-one Expositor de mesa ou balcão para folhetos no qual o consumidor se serve. Folheto contendo informações sobre produto ou promoção. Quando não utilizado por promotoras em abordagem, devem estar em locais de fácil visualização, onde o próprio consumidor possa apanhá-los.

Target O mesmo que público-alvo.

Teaser Mensagem curta que antecede uma campanha publicitária, gerando expectativa para esta. Pode ou não ser identificada. É uma estratégia para predispor o público-alvo antes mesmo do lançamento de um produto, ideia ou serviço, por meio do envio de mensagens não assinadas pelo promotor, com vistas a facilitar sua aceitação quando da descoberta dos motivos reais do envio antecipado. Há *teasers* assinados pelo promotor, mas sempre acobertando os motivos reais, a fim de despertar a curiosidade.

Telemarketing Tipo de marketing direto feito por telefone, podendo ser ativo – quando as pessoas são procuradas –, ou receptivo – quando os clientes ligam para a empresa, movidos por uma peça de comunicação.

Texto foguete Pequena locução publicitária feita durante a transmissão de programação (geralmente em esportes ou eventos musicais) de rádio e TV.

Tie-in (ou **merchandising editorial**, ou ***product placement***) Colocação de um produto ou serviços em programas (novelas, filmes), cuja característica principal é a inserção da marca no roteiro.

Top of mind Marca de produto, serviço ou empresa mais lembrada ou conhecida entre todas as citadas espontaneamente. A mais citada pelo consumidor, ou seja, a primeira na mente do entrevistado.
Totem Peça sinalizadora vertical e longilínea.
Trade Marketing Ação de marketing, treinamento e otimização de negócios destinada aos intermediários, atacadistas, revendedores etc. Visa também otimizar a relação entre produtor e distribuidor, para que ambos retirem benefícios da parceria.
Trilha sonora Música incidental ou de fundo de um comercial, combinada ou não com ruídos descritivos.

URL (Uniform Resource Locator – Localizador Padrão de Recursos) Endereço de um arquivo ou website na internet encontrado por computadores pessoais, assistentes pessoais (PDAs) ou telefones móveis. A primeira parte do endereço indica o protocolo utilizado (o mais comum é o http), e a segunda o endereço de IP ou o nome do domínio em que a página ou arquivo está localizado.

Veiculação Inserção de peças publicitárias nas mídias impressa e eletrônica.
Veículo de comunicação Título de jornal ou revista, de emissora de rádio e TV ou de qualquer outro instrumento de comunicação física. Exemplo: TV Globo, Play TV, Rádio Jovem Pan, Revista Veja, Jornal da Tarde.
Vinheta Cena animada bem rápida para lembrar, na TV, um tema, uma empresa, um comercial ou uma marca. Mensagem sonora musical rápida para lembrar, no rádio, um tema, uma empresa, um comercial ou uma marca.
Viral Marketing Qualquer propaganda que se espalha sozinha, como um vírus.

Wifi Tecnologia que permite computadores, telefones celulares, assistentes pessoais e outros dispositivos móveis se conectarem à internet ou a outros aparelhos quando localizados nas proximidades de um ponto de acesso.
Woobler Também conhecido como "pescador", trata-se de material de pequeno porte que tem uma haste com fita adesiva em sua extremidade.

Impressão e Acabamento
Bartira
Gráfica
(011) 4393-2911